# UM VÍRUS NA REPÚBLICA DA IMPUNIDADE

## RETRATOS DA POLÍTICA BRASILEIRA DURANTE A PANDEMIA

# UM VÍRUS NA REPÚBLICA DA IMPUNIDADE

## RETRATOS DA POLÍTICA BRASILEIRA DURANTE A PANDEMIA

CATARINA ROCHAMONTE

70

**UM VÍRUS NA REPÚBLICA DA IMPUNIDADE**
RETRATOS DA POLÍTICA BRASILEIRA DURANTE A PANDEMIA


AUTORA: Catarina Rochamonte

DIRETOR DA ALMEDINA BRASIL: Rodrigo Mentz
EDITOR DE CIÊNCIAS SOCIAIS E HUMANAS E LITERATURA: Marco Pace
REVISÃO: Juliana Leuenroth e Elcio Carvalho

DIAGRAMAÇÃO: Almedina
DESIGN DE CAPA: Roberta Bassanetto

ISBN: 9788562938993
Setembro, 2022

Dados Internacionais de Catalogação na Publicação (CIP)
(Câmara Brasileira do Livro, SP, Brasil)

---

Rochamonte, Catarina
Um vírus na república da impunidade : retratos da política brasileira durante a pandemia / Catarina Rochamonte
São Paulo, SP : Edições 70, 2022.

Bibliografia.
ISBN 978-85-62938-99-3

1. Brasil – Política 2. Brasil – Política e governo
3. COVID-19 – Pandemia 4. Políticas públicas – Brasil
5. Saúde pública – Brasil I. Título.

22-115864 CDD-320.981

---

Índices para catálogo sistemático:

1. Brasil : Política e governo 320.981

Eliete Marques da Silva – Bibliotecária – CRB-8/9380

Este livro segue as regras do novo Acordo Ortográfico da Língua Portuguesa (1990).



EDITORA: Almedina Brasil
Rua José Maria Lisboa, 860, Conj. 131 e 132, Jardim Paulista | 01423-001 São Paulo | Brasil
www.almedina.com.br

## SUMÁRIO

# PREFÁCIO

**Lucas Berlanza**

É fundamental que ideias distintas possam se enfrentar dentro de parâmetros civilizados. Os melhores frutos colhidos pelas comunidades políticas advêm de seu entrechoque criativo, não das diretrizes supostamente iluminadas de uma potência centralizadora ou de algum gênero de consenso artificialmente imposto. Durante bastante tempo, neste país, a social-democracia serviu como pano de fundo para a grande maioria dos discursos formulados. Se por "polarização" entendermos tão-somente a formação de blocos genuinamente liberais clássicos e conservadores para reagir a este quadro de coisas, eu serei o primeiro a defendê-la com bastante afinco.

É preciso, no entanto, que essas ideias, ao se enfrentarem na saudável arena da democracia liberal – ou do projeto, sempre em movimento, da construção e consolidação de uma –, ganhem vida efetivamente como programas. É preciso que sejam mais do que binarismos estupidificantes e simplificadores, veiculados por demagogos sem substância, e que, ao fim das contas, se reduzem a perfumaria, adornando as velhas estruturas viciadas e os velhos conluios perniciosos de nossa República.

A autora deste livro, como intelectual pública, tem sido uma voz dedicada a evitar que o debate público, ou, melhor dizendo, a tentativa de debate público que desenvolvemos no Brasil, se congele nesta última e degradante situação. Fui testemunha das ocasiões de publicação original de alguns dos artigos aqui reunidos e posso constatar que Catarina Rochamonte tem sido uma das poucas vozes a resistir, ao longo das intempéries que o Brasil e o mundo enfrentaram nos últimos anos, aos apelos sedutores das turbas fanatizantes e às pressões inebriantes dos aplausos fáceis e fingidos.

Ela entendeu muito bem, e demonstrou esse entendimento de forma mais qualificada que a maioria, que entregar ao público apenas o que muitas vezes quer ler, brindá-lo com a confirmação de *slogans* ou dicotomias vazias, exige o preço alto demais de prostituir as próprias convicções. De outro modo, ela se poderia ter poupado de inúmeros aborrecimentos e arrancado urros de contentamento de muitos que a apedrejaram nas torturantes seções de comentários das publicações virtuais. Preferiu, ciente disso, o corajoso caminho da autenticidade, tão precioso hoje quanto raro.

O leitor deste livro poderá não concordar com todos os posicionamentos políticos da autora. Poderá ter, de qualquer modo, a certeza de que ela acreditava em cada linha do que escreveu ao redigi-los. Em paralelo, a partir de sua transparente perspectiva, terá uma percepção ampla dos problemas vivenciados ao longo de um período histórico desafiador, sobre o qual, com certeza, os historiadores do futuro terão muitas dificuldades para tecer suas considerações. Suspeito que não gostaria de estar na pele deles, mas acredito que os artigos de Catarina poderão ajudá-los, junto a outros instrumentos, nessa hercúlea tarefa.

# INTRODUÇÃO

Este livro recupera textos meus divulgados em sites e colunas de jornais entre 2020 e 2022. Como o foco desses escritos é principalmente político, considerei adequado apresentá-los em livro neste momento eleitoral em que estarão em disputa os protagonistas do enredo dramático que vivemos como nação.

Na concepção clássica, a política é indissociável da ética; aliás, é seu prolongamento: enquanto a ética visa ao bem do indivíduo, a política visa ao bem coletivo. Tal concepção contrasta, infelizmente, com a generalizada percepção, pelo menos no Brasil, de que os políticos costumam tratar antes os seus interesses particulares que o bem comum.

Certamente essa percepção contém injusta generalização, mas o quadro atual é desolador. No Brasil, tornou-se regra o costume dos políticos senhores do poder depredarem o bem coletivo para o particular usufruto de prerrogativas, privilégios, vantagens e mordomias as mais descaradas: foro privilegiado; cartões corporativos – com os quais o presidente da República e outras autoridades podem se refestelar como queiram sem prestar contas a ninguém; salários acima do teto constitucional; cabides para aparelhamento nas estatais; orçamento secreto de mais de R$ 16 bilhões somados ao aberrante fundo de R$ 4,9 bilhões para a farra eleitoral; etc. Isso sem falar na corrupção propriamente dita, que acumplicia políticos e grandes empresários.

Sempre persistente, e por isso mesmo requerendo constante combate, a corrupção atingiu nos governos do PT, com os escândalos do Mensalão e do Petrolão, dimensões nunca antes vistas. A princípio, houve salutar reação da sociedade e das instituições: a corrupção do Mensalão foi denunciada pela PGR e julgada pelo STF, tendo por resultado muitas condenações e prisões. Em seguida, a Operação Lava Jato desmantelou o esquema do Petrolão, com semelhante resultado de condenações e prisões, e até mesmo a devolução de alguns bilhões de reais aos cofres públicos. Todavia, o sistema brasileiro de corrupção não demorou a reagir com furor e eficiência.

Esse sistema de tradição centenária já fora, ainda no período colonial, denunciado pelo Padre Antonio Vieira. No "Sermão do Bom Ladrão", referindo-se aos ladrões maus e poderosos, disse Vieira: "... porque furtam, furtaram, furtavam, furtariam e haveriam de furtar mais, se mais houvesse". A turma do Mensalão e do Petrolão acha que ainda há mais o que furtar e está ansiosa por uma nova oportunidade de governo, agora sob o manto de uma revigorada impunidade, após a liquidação da Lava Jato e a adoção, pelo STF, de uma jurisprudência garantista que garante exatamente a impunidade dos poderosos.

Muito se tem martelado que a corrupção não pode ser o tema central desta campanha de 2022, mas, sim, a economia. Eu avanço e digo que o tema central tem de ser a fome. Em 2021, o Cadastro Único do Governo Federal registrou 14,5 milhões de famílias em extrema pobreza (mais de 40 milhões de pessoas). A pobreza aflige o triplo de famílias. Embora os números dos diversos institutos não sejam uniformes, são sempre assustadores: indicam que mais de metade da população vive em algum grau de insegurança alimentar.

Antiga e endêmica, a fome no Brasil foi agravada pela economia do corrupto-populismo praticado em maior ou menor grau pelos governos do PT, de esquerda, e pelo governo Bolsonaro, de direita. A corrupção desimpedida e desenfreada, independentemente da ideologia do regime que a promove ou facilita, será sempre um vetor de degradação econômica. Se for difícil aos devotos de Lula avaliar o desastre da corrupção sistêmica dos governos petistas, que se mirem na Venezuela, cujo regime foi apoiado e financiado pelo ex-presidente brasileiro, um entusiasta do modelo chavista. Segundo dados do Banco Mundial, a pobreza na Venezuela no período 2020-2021 alcançou 94,5% da população. A essa narcoditadura corrupta até a medula e que reprime, persegue, prende, tortura e mata opositores, a esquerda lulopetista presta sempre homenagem.

Certamente, a pandemia do coronavírus, para além do mal imediato da doença, pesou na deterioração econômica e agudizou males variados, como no exemplo tão preocupante dos recuos na educação, especialmente a infantil. Porém, é forçoso acrescentar que para isso muito contribuiu um presidente que se revelou completamente ignorante, obscurantista e irresponsável.

Já no primeiro momento de organização do combate à pandemia que chegava ao Brasil, Bolsonaro agiu como sabotador, demitindo o ministro da Saúde Luiz Henrique Mandetta porque ele estava fazendo um trabalho correto e tinha a confiança da população. Em seguida, além de quebrar todos os decoros, o presidente cometeu tantos e tão graves crimes contra a saúde pública que é acintosa sua permanência no cargo. Um caso extraordinário onde mais de uma centena de pedidos de impeachment – muitos dos quais consistentes, robustos, fartos de indícios e provas – permaneceram e permanecem parados por prevaricação de dois presidentes da Câmara seguidos – Rodrigo Maia e Arthur Lira – e cumplicidade de deputados cooptados pelo orçamento secreto.

A consolidação dessa ordinária República da impunidade só foi possível porque interesses antigos do lulismo articularam-se com interesses imediatos do bolsonarismo: uma união esdrúxula apelidada de "bolsopetismo", para a qual concorreu o Centrão, grupo parlamentar fisiológico que ontem sustentou o governo Lula a preço do mensalão e hoje sustenta o governo Bolsonaro a preço das emendas de relator.

A articulação jurídico-política que tem garantido no Brasil a impunidade da grande corrupção avançou escorada em forte apoio da imprensa, com destaque para a mídia autodenominada "progressista" – em geral, devotos de Lula. Essa mídia lulista conseguiu, inclusive, impor a audaciosa narrativa de que a corrupção é uma necessidade do progresso e que, em benefício da economia, é preciso deixar os corruptos em paz. Essa ideologia da corrupção foi celebrada em um badalado jantar promovido pelo Grupo Prerrogativas para bajular o ex-corrupto Lula. Dentre as muitas falas pró-impunidade desse jantar, ressaltou a pérola proferida pelo advogado Antonio Cláudio Mariz: "O crime já aconteceu, o que adianta punir?".

Fortalecido por seguidas vitórias jurídicas, o sistema da corrupção está em campanha eleitoral, não se inibindo quanto à utilização de meios abusivos, como a instrumentalização de instituições da República para perseguição de membros da Operação Lava Jato que se dispuseram a entrar na política, mais especificamente Deltan Dallagnol e Sergio Moro. Os grupos e interesses que compõem esse sistema são vastos e muito poderosos. Todavia, resistimos.

Em uma bela crônica chamada "Sobre Política e jardinagem", Rubem Alves discorre sobre duas proposições: 1 – A política é uma nobre vocação; 2 – De todas as profissões desprovidas de vocação, a profissão política é a mais vil.

"Vocação" vem de *vocare* (chamado). É um chamado interior de amor, um chamado de amor por um fazer. "Política" vem de *pólis*, um espaço seguro, ordenado, manso onde os homens poderiam se dedicar à busca da felicidade. O político é, pois, o que cuida da *pólis* e sua vocação é estar à serviço dos seus habitantes.

O político por vocação é aquele que não se contenta em cultivar apenas o seu próprio jardim quando ao seu redor tudo está seco e deserto. Porém, se a política é a arte de construir o jardim de todos, o político profissional é aquele que usa o jardim de todos para ampliar e enfeitar seu jardim particular, mesmo que isso se dê às custas do aumento do deserto e do sofrimento ao seu redor. Os brasileiros são diariamente saqueados por esses políticos profissionais. Troquemos, pois, o eufemismo literário de Rubem Alves por uma linguagem mais objetiva: o Brasil é refém de um sistema de corrupção.

É com essa expressão que Sergio Moro define em seu livro a organização da corrupção como um modelo de governo ou de negócios, que afeta tanto o setor público quanto o privado. Nesse sistema, o abuso do poder para ganhos privados captura as instituições de governo e de mercado e o poder público é estruturado não em prol do bem comum, mas para fins de aumento patrimonial e perpetuação no poder.

Este livro é a minha singela contribuição na luta contra esse sistema.

# O INACREDITÁVEL GOVERNO BOLSONARO

*Folha de S. Paulo, 26 de janeiro de 2020*

Os apaixonados seguidores do atual presidente não acreditam que ele seja capaz de nada ruim; já os seus adversários não acreditam que ele seja capaz de nada bom. Sendo assim, trata-se de um governo inacreditável. É inacreditável, por exemplo, a caricata peça exibida por Roberto Alvim mimetizando Joseph Goebbels, o chefe da propaganda da Alemanha nazista, assim como inacreditáveis são as desculpas do secretário e mesmo o fato de o governo ter tido um secretário de Cultura tão sem noção. Todavia, embora seus adversários não acreditem, o governo Bolsonaro tem méritos.

Citemos, de início, algumas áreas em que o governo merece reconhecimento: na econômica, a boa equipe do ministro Paulo Guedes vai construindo o equilíbrio fiscal e recuperando empregos (recuperação lenta, mas é melhor caminhar devagar do que afundar ligeiro, como no governo de Dilma Rousseff); na segurança, o ministro Sergio Moro, com sua equipe, vai diminuindo significativamente os índices de criminalidade. Também a ministra Damares Alves tem realizado um bom trabalho, apesar de ser constantemente assediada pela imprensa desde o dia da sua nomeação.

Vejamos algumas ações do Ministério da Mulher, da Família e dos Direitos Humanos, sob a batuta da ministra que se adjetivou como "terrivelmente cristã" e que iniciou seu mandato em meio a polêmicas por usar a expressão "menino veste azul e menina veste rosa", deixando os pregadores da ideologia de gênero à beira de um ataque de nervos.

Damares Alves está desenvolvendo um trabalho de proteção a adolescentes que inclui orientação para abstinência sexual como forma de prevenir a gravidez precoce, mas os ideólogos da esquerda entendem que a atividade sexual precoce é uma conquista dos adolescentes e combatem com muito vigor qualquer orientação que vá contra a permissividade sexual. A ministra tem atuado para impedir que crianças indígenas continuem sendo assassinadas pelos pais segundo sua estranha e cruel tradição, mas os antropólogos multi-culturalistas entendem que tais costumes infanticidas devem ser preservados.

Em campanha, o presidente prometeu acabar com o viés ideológico, e hoje são muitos os que – até mesmo fora do âmbito da esquerda – reclamam de ter ele mantido, com sinal trocado, o tal viés. Mas que Bolsonaro atue por uma determinada linha ideológica é inelutável, porquanto qualquer governo tem um componente ideológico.

Um exemplo de viés ideológico é o alinhamento do governo atual com os Estados Unidos, uma democracia liberal, em contraposição ao alinhamento ideológico dos anteriores governos petistas com ditaduras. É bem verdade que Bolsonaro já as reverenciou; porém, o fez em relação a ditaduras pretéritas, enquanto a esquerda cultua as pretéritas e presentes, com especial predileção por Cuba e Venezuela.

O combate à corrupção, porém, deveria estar acima de qualquer ideologia, mas, como se sabe, a esquerda petista, quando no governo, institucionalizou a corrupção no Brasil e a alargou além-fronteiras, montando o que talvez seja o maior esquema de corrupção da história. Em larga medida, foi através do discurso anticorrupção, colocando-se em sintonia com o simbolismo da Operação Lava Jato, que Bolsonaro conseguiu se eleger.

Não obstante, o presidente faz hoje movimentos sinuosos para agir contra a atuação da Lava Jato sem parecer que o faça. Provavelmente age assim para proteger o senador e filho Flávio Bolsonaro, que está sendo investigado pelo Ministério Público do Rio Janeiro.

De forma igualmente incoerente, Bolsonaro sancionou o indecente Fundo Eleitoral de R$ 2 bilhões com a inacreditável desculpa de que estaria "atrapalhando a democracia e o cumprimento da lei eleitoral com o veto", o que obviamente não procede, visto que o presidente tem autoridade constitucional para decidir por quaisquer vetos, tanto quanto o Congresso Nacional tem para derrubá-los. Na minha terra isso se chama "desculpa amarela."

O governo atual é realmente inacreditável, mas a esquerda brasileira não deixa por menos.

# DIREITA, ESQUERDA E DEMOCRACIA LIBERAL

*O Povo, 1 de fevereiro de 2020*

Na introdução do livro *Histoires des idées politiques aux temps modernes et contemporaines*, Philippe Nemo destaca como principal característica desse período o surgimento das teorias constitucionais que fundam o estado democrático liberal, o qual, embora lance raízes em pensadores antigos e medievais, tem por originalidade o paradigma que sustenta uma ordem para o pluralismo.

Para o autor, há três grandes famílias de teorias políticas, cada uma das quais comandada por certa visão de ordem social: a direita, comandada pelo paradigma da ordem natural; a esquerda, comandada pelo paradigma da ordem artificial; e a tradição democrática e liberal, comandada pelo paradigma da ordem espontânea (ou pluralista ou auto-organizada).

Esses três modelos de ordem são frutos de longa evolução: nas sociedades primitivas, acreditava-se que a ordem cósmica e social era estabelecida pelos deuses, não havendo espaço para crítica ou progresso. A ruptura dessa estrutura primitiva deu-se com o advento da *polis* grega, no interior da qual tornou-se possível o debate, a racionalidade e a importante distinção entre *phisis* (ordem natural) e *nomos* (ordem artificial), retomada pelos estóicos, pelos juristas romanos e, posteriormente, pelos medievais, que distinguiram direito natural e positivo, sendo o primeiro uma ordem natural, permanente e universal e o segundo uma ordem construída pela razão humana.

Poder ou não forjar livremente instituições e leis é fundamental para caracterizar as referidas ordens políticas: enquanto a direita faz remissão a uma pretensa ordem natural como única fonte do que é justo e fecundo e a esquerda constrói uma ordem social ideal e utópica, que quer impor, a tradição democrática e liberal trabalha instituições favoráveis à manutenção da ordem social espontânea.

Nosso tempo é marcado pela consciência de que a liberdade individual e o pluralismo que dela se segue não são fatores de ruptura e desordem, mas de ordem espontânea cujo gerenciamento se dá pelas instituições do estado de direito. O direito abstrato e universal, os direitos do homem, o mercado, a liberdade de pensamento e de imprensa são os elementos inerentes ao modelo democrático e liberal que resistiu aos terríveis regimes fascistas e comunistas resultantes do paroxismo das teses de direita e de esquerda.

# LIBERALISMO, DEMOCRACIA E PROGRESSISMO

*O Povo, 15 de fevereiro de 2020*

Por terem como ponto comum o paradigma da ordem pluralista e espontânea, a defesa de um governo constitucional, a isonomia e o combate às formas legais de privilégios, liberalismo e democracia muitas vezes caminharam juntos na história. Convém notar, porém, que tais conceitos são respostas específicas a questões políticas distintas: a democracia responde quem deve deter o poder político, enquanto o liberalismo responde quais os limites do poder político, independente de quem os detenha; a democracia diz que o poder é da maioria, o liberalismo diz que mesmo tal poder é limitado; a democracia é o exercício de liberdades políticas no quadro de aparelhos do Estado, enquanto o liberalismo é o exercício das liberdades da sociedade civil em oposição ao Estado. Com base nisso, pode-se afirmar que a democracia é o contrário de um governo autoritário, enquanto o liberalismo é o oposto do totalitarismo.

Importa, no entanto, explicitar que a democracia que caminha bem ao lado do liberalismo, de modo a configurar o que chamamos de democracia liberal, é o modelo democrático representativo. E que o liberalismo que preza as instituições do Estado democrático de direito não é o liberalismo radical do iluminismo francês, nutrido por ideias autoritárias como a noção de "vontade geral" de Rousseau. Tais ideias desembocam, ao contrário, em uma marcha revolucionária, voluntarista e construtivista, sendo, pois, o pano de fundo intelectual do populismo contemporâneo aliado à demagogia progressista.

Ao hipostasiar o princípio de igualdade em detrimento do princípio de liberdade, o liberalismo francês distanciou-se dos princípios liberais clássicos, deslocando-se para um democratismo e para a esfera de influência do socialismo, tomando hoje a denominação de progressismo, perspectiva política que se caracteriza por uma tremenda violência psicológica contra aqueles que não aderem à sua visão de mundo, a qual tentam impor à força, sob forma de lei. A ideologia progressista, embora circunscreva a violência a um uso mais tático do que ostensivo, é portadora da mesma arrogância fatal dos radicais iluministas franceses que quiseram "melhorar" a sociedade à base de guilhotina e dos socialistas de todos os tempos que dizimaram milhões de pessoas em nome da "justiça social."

# REFÉNS DO CRIME E DO ESTADO

*O Povo, 29 de fevereiro de 2020*

Circula um vídeo nas redes sociais no qual discursa um policial cearense visivelmente emocionado que afirma: "gratificação nenhuma vale você representar o Estado e o Estado te abandonar quando você mais precisa".

A rebelião da polícia militar do Ceará configurou um poder fazendo frente a outro poder maior, com o benefício, para a polícia, de gozar da simpatia de parcela da população cearense que consegue se sensibilizar com a situação de policiais já saturados pelo descaso com suas reivindicações – boa parte delas legítimas –, considerada a importância dessa função. Não obstante, o poder, quando inapropriadamente utilizado como meio para assegurar direitos, prejudica quem mais precisa da polícia: a população, o cidadão, o trabalhador.

Para além da legitimidade das reivindicações dos policiais e da ilegalidade da greve, há, sobretudo, o estratégico uso político dessa situação. No jogo político que envolve a questão em pauta, peças são movidas sem preocupação objetiva com o bem-estar da sociedade, que hoje se encontra a mercê de um acordo costurado de modo a beneficiar tal ou qual grupo ou figura pública.

A população cearense é capaz de se solidarizar com os policiais e entender que lutar por melhores condições de trabalho é algo justo; mas deve entender também que na ambição que impulsiona determinados políticos a advogarem esse discurso, o bem-estar do povo e da própria polícia é o que menos importa.

O fato é que o povo, ao outorgar unicamente ao Estado a proteção direta do direito à vida, tornou-se refém das armas do Estado e das armas do crime. Esse povo – desarmado por aceitar passivamente uma ideologia disfarçada de pacifismo – pouco ou nada pode fazer senão aderir a uma ou outra narrativa, que será prontamente utilizada para fins mesquinhos de obtenção de capital político.

Se o Estado é, como cremos, um mal necessário, as armas nas mãos do cidadão de bem também o é. Se o pai de família (e, por que não dizer, a mãe de família) tivesse assegurado o seu direito ao porte de armas, o burburinho em torno do motim policial e o sentimento de impotência diante do alarmante índice atual de homicídios seria menor. A quebra do monopólio das armas por parte do Estado e do crime organizado seria uma resposta legítima ao cenário de caos, violência e medo que enfrentamos.

# O CORONAVÍRUS E O 15 DE MARÇO

*O Povo, 14 de março de 2020*

O chamamento para a manifestação do dia 15 fora motivado inicialmente pelo vazamento de uma conversa particular do general Augusto Heleno que – indignado com manobras de parlamentares astuciosos que faziam chantagem em torno de um pedaço gordo do orçamento 2020 (R$ 30 bilhões) – desabafou com um sonoro "F***-se!". A esquerda melindrou-se e avançou contra o ministro, acusando-o de atacar o congresso e a democracia. A direita, por sua vez, convocou manifestação de apoio ao presidente.

Na convocação desse ato político, foram veiculados vídeos, um deles particularmente apelativo e messiânico onde se lia a seguinte legenda:

> "Ele foi chamado a lutar por nós; ele desafiou os poderosos por nós; ele está enfrentando a esquerda corrupta e sanguinária por nós; ele sofre calúnia e mentiras por fazer o melhor para nós; ele é a nossa única esperança de dias melhores."

A manifestação tinha razão de ser e seria legítima, apesar de vir acompanhada desse tipo de extravagância e culto à personalidade de uma parcela mais fanatizada de bolsonaristas. O ato público poderia ser maior do que Bolsonaro; poderia ser um desabafo contra as torpezas e acordos espúrios que têm sido armados nos três poderes e não um culto pueril e um exercício de mitificação da figura do atual presidente. Poderia ter sido; mas um fator de natureza não política obrigou o presidente a desconvocar manifestação: o risco de propagação do coronavírus.

De todo modo, a mobilização inicial surtiu efeito, pois o veto presidencial ao desvio de R$ 30 bilhões do orçamento da União para favorecer emendas parlamentares foi mantido. Infelizmente, a coisa foi feita pela metade e acabou havendo acordão: o presidente achou por bem ceder aos parlamentares mais da metade da quantidade pretendida, enviando ao Congresso projeto neste sentido. Nem todos, porém, engoliram a capitulação e um grupo de deputados, com apoio do grupo "Muda Senado", assinou carta aberta a Bolsonaro com pedido de retirada do PLN4.

Se uma minoria dos manifestantes clamaria pelo fechamento do Congresso, a maioria bradaria contra os congressistas que tentam reter recursos do governo e invadem função que lhes não compete, forçando um parlamentarismo, desrespeitando o sistema presidencialista e atentando, em suma, contra a democracia que dizem defender.

# DA PESTE NEGRA AO CORONAVÍRUS: IRRACIONALIDADE E IDEOLOGIA

*Instituto Liberal, 24 de março de 2020*

Com nome de peste ou praga, a história registra surtos de doenças infecciosas que atormentaram a humanidade desde tempos remotos. A mais famosa foi aquela chamada "peste negra" (a mesma bubônica, causada pela bactéria *Yersinia pestis*), que marcou a Idade Média. Tratou-se de um muito alargado surto – pandemia – que veio do Oriente e devastou a Europa por meados do século XIV, com recidivas pontuais pelas gerações seguintes, até, pelo menos, o século XVIII. Entre os anos 1346 e 1353, a peste negra dizimou na Europa cerca de 25 milhões de pessoas, o equivalente a um terço da população do continente. Foi um grande desafio com o qual a humanidade teve de lidar.

E muitos são os desafios que temos que enfrentar na construção do nosso progresso individual e coletivo. Junto aos malefícios próprios da doença, as pestes, geralmente, fazem brotar outro malefício: o da irracionalidade, com explosões de imprudência, ódio e oportunismo.

Na irracionalidade de hoje, causada pela pandemia do coronavírus, teorias da conspiração difundem a narrativa de que o governo chinês desenvolveu o vírus em laboratório para dominar o mundo enquanto incautos desconhecem a efetiva e grave responsabilidade da China, que demorou cerca de dois meses para admitir a contaminação, censurou buscas sobre a doença nas redes sociais, prendeu o médico que divulgou o surto, baniu repórteres estrangeiros que tentaram apurar os fatos, etc.

No caso específico do Brasil, a imprudência ficou por conta dos que foram às manifestações de rua no dia 15 de março; do Presidente da República, a se portar de modo contraditório e reprochável na ocasião; e de políticos e jornalistas militantes que superdimensionaram o fato para desgastar ainda mais a figura de Bolsonaro, quando já estava claro que o inimigo a ser vigorosamente combatido por todos, inclusive pela imprensa, era um vírus e não um homem.

Mas há imprudência também entre liberais, libertários e milionários que, apavorados com a possibilidade de um *shutdown* global, têm reclamado que, em meio à pandemia, se tenha dado mais ouvidos aos médicos que aos economistas ou que se tenha afrouxado as restrições fiscais e que governantes estejam mais preocupados com os falecidos em potencial que com os potencialmente falidos.

O ódio e o oportunismo, porém, ficam na conta de intelectuais da esquerda que colocaram a culpa pela pandemia do coronavírus no capitalismo e no liberalismo e acompanharam seu surto de irracionalidade doutrinária com receitas de insurgência revolucionária.

De um artigo do site *Brasil 247*, basta citar o título: "Coronavírus fortalece o socialismo". Mesmo teor teve o discurso do doutor e livre-docente em Filosofia e Teoria Geral do Direito da USP, Alysson Leandro Mascaro para quem:

> "A crise que está estourando não é do coronavirus. A crise que está estourando é do capital. [...] A culpa de tudo que temos hoje é do capital. E a solução do problema se chama socialismo. Não posso temer falar isso. Tenho que ter orgulho".

Por sua vez, Rui Costa Pimenta, presidente do Partido da Causa Operária (PCO), de orientação trotskista, aproveitou o surto do coronavírus para surtar em uma conclamação revolucionária aos moldes da Revolução de 1917. Pimenta elenca nada menos que 32 medidas "para fazer frente tanto à crise do Coronavírus como à crise capitalista". Dentre tais medidas, coisas como: a formação de conselhos populares de fiscalização e comitês de controle; estatização de todo o sistema de saúde, dos laboratórios e da produção de equipamentos de saúde; estatização do sistema financeiro; fim das privatizações e cancelamento das já realizadas; etc. Ou seja, medidas que, se aplicadas, dariam todo poder não aos trabalhadores, mas ao coronavírus.

Muitas pestes foram vencidas pela humanidade. A peste da ideologia marxista que infectou o século XX foi parcialmente vencida, mas a vitória não foi completa e definitiva. É preciso admitir que estamos, ao mesmo tempo, em batalha contra ela e contra a pandemia que ela tenta instrumentalizar.

# O CORONAVÍRUS E A ESCOLHA DE BOLSONARO

*Folha de S. Paulo, 25 de março de 2020*

Os dilemas éticos são situações existenciais complexas que nos induzem a difíceis escolhas e que podem ser considerados moralmente corretos de um ponto de vista, e de outro que lhe é oposto. O Brasil, neste exato momento, vive um dilema ético? Talvez sim.

Mas ele é de mais fácil solução do que aquele que talvez sobrevenha devido a uma falsa maturação na resposta dada pelo presidente da República em seu pronunciamento oficial de terça-feira (24), no qual criticou o isolamento social requerido pelas autoridades sanitárias, desfazendo em poucos minutos todo um trabalho de conscientização da sociedade nesse sentido.

O que quero dizer é que resolver o dilema ético entre sair para trabalhar no pico de contaminação ou se resguardar cumprindo as restrições recomendadas é menos traumático do que ter que resolver o dilema de escolher quem terá direito ou não a respiradores, tal como está ocorrendo na Itália.

Se a epidemia vai quebrar a economia com ou sem quarentena, é melhor preservar vidas cumprindo-a ou preservar a economia perdendo-as? Se há nisso um dilema ético trata-se, a meu ver, de um confronto entre uma perspectiva ética deontológica e uma perspectiva ética utilitarista. E eu opto pela primeira, segundo a qual a vida humana tem valor absoluto e só pode ser relativizada em nome de um ideal que a transcenda.

Só quem pode relativizá-la é o próprio indivíduo que escolhe, por conta própria, arriscá-la ou não por um valor maior, como o caso de alguém que dá a vida por outrem, que se deixa morrer por um ideal ou que vai a uma guerra sabendo que pode não retornar. No caso em pauta, os que se enquadram nesse contexto são médicos, enfermeiros, policiais, lixeiros, vendedores de supermercado e os demais que estão desempenhando as atividades essenciais que precisam continuar de qualquer forma.

Os outros – os indivíduos jovens, fortes e saudáveis que, mesmo não desempenhando atividades essenciais, querem sair para trabalhar (ou passear) –, neste momento não são soldados em campo de batalha, mas vetores de transmissão do vírus para os mais vulneráveis. Quem está em casa, portanto, não é covarde. Covarde é quem, estando à frente de uma nação para guiá-la, escolhe caprichosamente relativizar a vida de velhos e doentes para salvaguardar a economia.

Algo que também precisaria ser trazido à reflexão é a postura daqueles que teimam em defender um homem mesmo que esse homem desdenhe, em meio a uma terrível pandemia, das recomendações médicas mundialmente corroboradas. No apoio inconteste, resistente, persistente e incondicional ao presidente da República retrata-se o fenômeno da heteronomia, ou seja, a menoridade intelectual que falava Kant, a incapacidade de autorreflexão, autocrítica, autonomia. Fenômeno semelhante ao lulismo, o bolsonarismo é a recusa da maturidade intelectual na qual a consciência responde apenas a ela mesma, e não a uma ideia externa personificada em uma autoridade.

O ser humano é inventivo, é capaz, é criador. Depois que a pandemia passar, ele vai encontrar meios de solucionar a crise econômica, seja por descobertas tecnológicas, por inovações na área política, na gestão ou simplesmente pela piedade e pela misericórdia divina, que não nos deixará desamparados, principalmente se tentarmos agir corretamente. Os mortos, porém, não levantam. E a dor de perder um ente querido sem sequer poder velá-lo é maior do que a dor de fechar uma loja, falir a empresa ou perder ações na Bolsa de Valores.

# O ESTADO, A LIBERDADE E O VÍRUS

*O Povo, 28 de março de 2020*

O que está acontecendo exige reflexões maiores do que aquelas com as quais estamos acostumados no debate público. Pensar a política depois do coronavírus em termos partidários e ideológicos reducionistas será mesquinho, inócuo e, até mesmo, prejudicial. Todos precisamos rever nossos conceitos. Não há fórmula certa, regime testado ou experiência passada que ofereça a fórmula mágica para esse momento: ou o povo se reinventa com coragem e lucidez, ou será controlado pelo governo devido às necessárias restrições impostas.

Há muitas questões a serem enfrentadas. Uma delas vem na forma de dilema: optaremos pela necessidade do Estado com a liberdade possível ou pela necessidade da Liberdade com o Estado possível? Sem pretensão de oferecer a resposta, vamos, ao menos, esclarecer o problema.

Aquilo que tradicionalmente se entende por liberalismo diz respeito antes às liberdades civis do que a qualquer outra coisa. Outrossim, não podemos esquecer que, mesmo no âmbito de um liberalismo econômico, a assistência do Estado em caso de calamidade está prevista. A questão é: como assegurar que o Estado intervenha ainda mais sem adentrar a esfera das liberdades individuais? Como equilibrar a necessidade de expansão do Estado na assistência àqueles que não podem reagir sozinhos no cenário devastado de uma economia em tempos de pandemia com a necessária limitação dos poderes desse mesmo Estado em relação às liberdades individuais?

E se a devida reclusão em quarentena precisar ser imposta à força? Se o pânico e o caos sobrevierem nos próximos meses? Se passarmos de um estado de calamidade pública para um estado de sítio? E quanto ao uso da tecnologia? Como nos precaver para não tomarmos o caminho de um Estado policial digital? Estados autoritários como a China e a Rússia, por exemplo, têm mais facilidade para controlar epidemias. Mas as democracias liberais do ocidente estão dispostas a dar ao Estado controle sobre suas vidas em troca de proteção?

Não há resposta certa agora. Apenas perguntas. Mas, convenhamos, não há política pública que seja capaz de substituir o poder criador do indivíduo na solução dos seus problemas. O momento pode ser de intervenção, mas essa intervenção terá de ceder e afrouxar para que o dinamismo próprio da sociedade encontre suas respostas.

# O VÍRUS DA POLÍTICA

*O Povo, 11 de abril de 2020*

No atual contexto de pandemia, do ponto de vista econômico, algumas políticas liberais tendem a retroceder, pois se o Estado obriga o trabalhador ao confinamento, precisa, em contrapartida, amparar os que pararam as suas atividades. Mas há outra perspectiva na qual o papel do liberalismo avulta-se: a defesa das liberdades individuais. Permanecendo atento e atuante, o liberal denuncia qualquer ação desproporcional das forças do Estado que configure claro autoritarismo. A divisão dos poderes também mostra sua relevância nesse momento de crise, assim como a liberdade (com responsabilidade) de imprensa e de expressão, sendo imprescindível a reflexão e o diálogo a fim de equilibrar a necessária proteção da comunidade com a necessária liberdade do indivíduo.

No que diz respeito ao diálogo, não estamos bem. Não debatemos com maturidade e civilidade o complexo quadro da crise. O debate público está tomado de paixões políticas de ambos os lados. As redes sociais, que poderiam ser uma aliada na luta contra o coronavírus, têm sido bolhas de fanatismo e palco de guerras ideológicas. No ambiente político *stricto* senso não estamos melhores. Governantes e parlamentares continuam a fazer política da forma populista e matreira que lhes é característica.

Na semana passada, foi aprovada a PEC do orçamento de guerra, que flexibiliza, diante da Lei de Responsabilidade Fiscal, a utilização de 800 bilhões de reais para o combate à epidemia. Essa aprovação foi importante, mas, infelizmente, nossos políticos não parecem ter muito senso moral para ficar bem à vontade com muito dinheiro. Fazer cortesia com chapéu alheio tudo bem; abrir mão de privilégios já é demais. Sendo assim, a Câmara recusou-se a pôr em votação a emenda que destinaria para a saúde o dinheiro do fundo eleitoral e que propunha a redução de salário da elite do funcionalismo público, incluindo aí os ilustres deputados.

O fato é que – sob o silêncio da mídia no que tange à recusa de pôr em votação a referida emenda – deputados aprovaram com celeridade a PEC que lhes dá carta branca para usar os 800 bilhões de reais. Dirão que estão salvando vidas. Alguns, sim. Muitos, porém, encontram aí apenas a ocasião e a brecha necessária para superfaturar obras e compras. Salvarão, antes de tudo, os seus próprios bolsos.

# A PANDEMIA DO CORONAVÍRUS E SEUS DESAFIOS ÉTICOS

*Instituto Liberal, 14 de abril de 2020*

A defesa do indivíduo não é apenas a defesa de si mesmo, é também a defesa do outro enquanto indivíduo. Sendo assim, não podemos nos comportar em sociedade baseando-nos em premissas que sirvam apenas para nós. Uma existência totalmente solitária sequer é possível. Sendo assim, todo preceito ético precisa passar pelo outro ou, na linguagem cristã, pelo próximo. A ética trata do indivíduo como objeto comportamental, mas, em matéria de prescrições, de análise do que é ou não correto fazer, trata de averiguar a pertinência de determinado comportamento individual no interior da comunidade.

Estamos vivenciando um momento de ruptura que vai requerer de nós uma reflexão acerca dos princípios éticos que sustentam as nossas condutas. O princípio da justiça, por exemplo, pode ser encaminhado tanto no sentido da igualdade formal quanto no sentido de beneficiar os menos favorecidos. Pelo menos é o que apregoa a teoria da justiça de John Rawls, segundo a qual estaria na esfera da justiça não apenas a proteção das liberdades básicas (ou o sistema de liberdade natural, segundo Adam Smith), mas também a construção da igualdade de oportunidades e uma distribuição de renda e riqueza baseada naquilo que ele chama de princípio da diferença.

Os libertários, porém, não aceitam tal princípio. Nozick, por exemplo, apresenta duras críticas a Rawls baseando-se na ideia de "propriedade de si mesmo", que renova a premissa clássica da anterioridade dos direitos individuais. Os direitos à vida, à liberdade e à propriedade não decorreriam da justiça, mas esta decorreria do respeito a tais direitos – o contrário do que pensa Rawls, em cuja concepção de justiça estão subsumidas as ideias de liberdade, igualdade e distribuição de riqueza, sendo a justiça, pois, a virtude primeira e o padrão moral que permite ajuizar o valor das instituições sociais.

A noção de "justiça como equidade" (*justice as fairness*) proposta por Rawls é alcançada a partir da descrição de uma situação na qual as regras que presidem a escolha da concepção de justiça não favorecem especialmente nenhum indivíduo na sociedade em relação a qualquer outro. Tal concepção apresenta um liberalismo mitigado, pois abrange, além da proteção das liberdades básicas, os aspectos sociais e econômicos.

É no campo de ideias aberto por esse liberalismo mitigado que pretendemos nos mover por ora e não no radicalismo dos libertários que, com Nozick, recusam completamente a busca de justiça social e econômica argumentando que tal busca, implicando interferência do Estado nos haveres dos indivíduos, configura já interferência na sua liberdade e violação da sua autopropriedade, sendo, portanto, ilegítima. De acordo com esse ponto de vista, quaisquer funções estatais que não estejam circunscritas à proteção da vida, da liberdade e do cumprimento de contratos, quaisquer formas de redistribuição coerciva pela via fiscal, são contrárias aos direitos individuais e, portanto, injustas.

É importante, pois, ressaltar que no espectro do liberalismo há essa espécie de individualismo igualitário de Rawls, que não permite que as liberdades básicas sejam sacrificadas em nome de princípios distributivos, mas entende que a justiça pode ir além da defesa de tais direitos. Defender essa concepção alargada de justiça não significa, portanto, ser comunitarista, comunista, coletivista, socialista ou de esquerda. Os comunitaristas tendem a colocar o indivíduo em segundo plano, considerando-o como constituído pela comunidade em termos psicológicos e sociológicos, sendo este o solo ou o paradigma a partir do qual emergem as pautas progressistas caras à esquerda.

Paradigma esse que é diferente do paradigma liberal em qualquer uma das suas nuances.

Ocorre que, como o liberalismo tende a se concentrar no aspecto formal da justiça e na defesa das liberdades individuais, não houve tanta reflexão acerca da pertinência da luta contra a desigualdade. Ao insistirem, em sua maioria, que a desigualdade social não é um problema, mas que o problema real é a pobreza, os liberais entregam a bandeira do enfrentamento das injustiças sociais às esquerdas que, em sua vertente mais radical, autoritária e nefasta, apregoa a igualdade material por finalidade e a planificação e centralização por método.

Pois bem, esse surto pandêmico acarretará inevitavelmente uma crise econômica de enorme proporção, após a qual existirá a possibilidade de uma reorganização da sociedade que poderá manter as disparidades ou diminuí-las. Acreditamos, inclusive, que a tendência pós-pandemia é uma simplificação da vida. Já temos e não perderemos as inovações tecnológicas possibilitadas pelo capitalismo e temos a experiência histórica de que a centralização e a planificação econômica são inviáveis e culminam em totalitarismos, ou seja, temos a consciência histórica da falência das tentativas coletivistas.

Nossa compreensão, portanto, é a de que há uma possibilidade efetiva e não utópica de que a economia, pelo dinamismo que lhe é inerente, se reajuste bem após a crise e que não permaneçamos muito tempo no caos. Aliás, em todo caos há um germe de ordem e se a economia é uma ordem espontânea, ela não está fadada a ser o que é hoje, mas pode se reinventar, se reconfigurar, se revitalizar e, até mesmo, renascer.

Tal não se dá em relação às vítimas do coronavírus. Vidas perdidas não podem ser reinventadas. Mortos não renascem neste mundo. Então, dentro desse contexto de pandemia do coronavírus, não se sustenta o argumento de que com o isolamento social momentâneo muita gente também morreria em decorrência do desemprego e da fome, contra quem opta por salvar o maior número de vidas com o isolamento social.

Ora, nossa posição é clara quanto ao fato de que os vulneráveis devem ser amparados pelo Estado ao serem obrigados por esse mesmo Estado a se confinarem, parando momentaneamente de trabalhar. Então, a curto prazo, essas vidas postas em quarentena não estão em risco, sendo não apenas legítimo, mas uma obrigação das autoridades pararem parcialmente as atividades econômicas, uma vez que esse isolamento impedirá o colapso do sistema de saúde e poupará de imediato o maior número de vítimas. O procedimento contrário, o relaxamento no combate à pandemia por parte das autoridades, é que seria mais questionável do ponto de vista ético: "tem um governante o direito de induzir a população do seu país a se pôr em atividade no momento mesmo em que essa atividade equivale a pôr em risco a vida de milhares de cidadãos?".

Não concordamos também com as análises segundo as quais vida e economia estariam tão imbrincadas que não faria sentido o argumento de dar prioridade à vida em detrimento da economia, que viria em segundo lugar. Em um certo contexto, tais noções estão imbrincadas sim, mas são ontologicamente distintas e hierarquicamente diferenciáveis. A economia é o resultado da interação dos indivíduos (vivos) em busca da sua sobrevivência e da sua felicidade. Antes de tudo, o indivíduo quer sobreviver; não quer morrer. E a mortandade provocada pelo relaxamento prematuro das medidas de isolamento é mais iminente, concreta e incontornável do que a morte futura devido a uma recessão posterior à pandemia, principalmente se levarmos em conta a indeterminação também nesse cenário, que pode ser espontaneamente ajustado de modo a não culminar em mais fome do que a que já existe nesse mundo de fato injusto, embora tal injustiça não configure um problema digno de reflexão para a maioria dos liberais.

# O VÍRUS IDEOLÓGICO E O CETICISMO COMO VACINA

*Instituto Liberal, 22 de abril de 2020*

Em dicionário comum (não filosófico), ceticismo é sinônimo de descrença, incredulidade, disposição para duvidar de tudo. Sendo assim, o cético seria aquele que, por afetação ou sinceridade, não compartilha crenças geralmente aceitas sobre religião, sociedade, política, etc. Do ponto de vista filosófico, o ceticismo declara que somos incapazes de conhecer e que, podendo os prós e os contras de uma dada questão serem igualmente sustentados, são ambos igualmente insustentáveis, não merecendo a nossa aderência em consequência do que o cético suspende o juízo, abstendo-se de se pronunciar.

Os céticos não se precipitam como os dogmáticos. Eles são duvidadores, investigadores; não creem nem descreem, não afirmam nem negam, não acreditam nem desacreditam: eles praticam a *epoché* (suspensão do juízo) para atingir a *ataraxia* (tranquilidade de alma). Diante da constatação da igualdade de forças entre argumentos contrários, seja no discurso filosófico, seja no discurso do homem comum, o cético exime-se de ter que escolher um dos dois lados como o verdadeiro e, em consequência, ter de assumir apaixonadamente a sua defesa.

Enquanto não for descoberta a vacina contra o coronavírus, queremos propor nesse artigo uma dose de ceticismo como remédio necessário para conter o vírus ideológico em tempos de pandemia. Mas um esclarecimento prévio se impõe: ceticismo não é negacionismo.

Não há sabedoria filosófica alguma em negar ou minimizar a pandemia. O ceticismo foge das arengas em torno das teorias desencontradas acerca do fenômeno, mas não nega que ele se lhe apresenta. Sendo uma espécie de empirismo ou fenomenismo, o ceticismo se atém ao que aparece, tomando-o por critério de ação, como algo que demanda ao indivíduo uma atitude. Chamemos a pandemia do coronavírus de fenômeno (*phainómenon*).

A epidemia alastrou-se, sabemos, a partir da província chinesa de Hubei (capital Wuhan), local até então desconhecido da maioria dos ocidentais. Foi a partir das medidas tomadas (ou não tomadas) ali que se desenvolveu o quadro mais traumático possível, culminando na atual pandemia. Uns culpam o governo comunista chinês, outros acusam o capitalismo; uns projetam cenários apocalípticos, outros desconsideram a gravidade do fato; uns corroboram o aparente consenso em torno do isolamento social, outros denunciam a imposição do isolamento como estratégia autoritária dos governos e como parte de um projeto totalitário de governança global; uns guardam a quarentena, apesar das dificuldades, outros esbravejam contra ela em meio a facilidades; uns se escondem no discurso bem-intencionado para satisfazerem propensões deletérias, outros têm boas intenções, mas as põem em prática de maneira equivocada.

Não convém negar o fenômeno que é a pandemia, mas convém ter cautela para não aderirmos cegamente às narrativas em torno dela. Há países na Europa imersos no luto dos enterros coletivos. Lá tudo o que se podia negar foi negado, tudo o que se podia afirmar foi afirmado. E o vírus fez o seu número de vítimas, indiferente às desencontradas interpretações acerca dele. No Brasil, estamos em estado de catatonia, oscilando entre o negacionismo desvairado e o pânico generalizado. Pelo que sei, somos o único país a protestar exigindo uma normalidade impossível.

O problema da histeria que se expressa naqueles que os prudentes chamam de histéricos é a disseminação do vírus ideológico, junto ao coronavírus. Hoje enfrentamos ambos. Há o risco do colapso do sistema de saúde e há o risco do colapso da saúde mental de um povo ensandecido que optou por defender determinados políticos como quem defende a salvação da própria alma, pondo partido em fórmulas químicas e ideologias em medidas de prevenção.

Uma boa dose de ceticismo, no momento, é o remédio possível. Remédio difícil de engolir em tempos de redes sociais, onde todos se acham na obrigação de opinar sobre tudo. O cético, já o dissemos, não postula dogmaticamente uma posição definitiva. Ele não toma partido. Aprendamos – pelo menos um pouco – com Pirro de Élis (360-270 a.C.) que uma coisa não é mais isto que aquilo e que a indiferença (*adiaforia*) é a última palavra à qual devem tender todos os nossos esforços. Não ter opinião é o meio de evitar todas as causas de inquietude. Mas poucos hoje, em meio à complexidade do quadro da pandemia, têm a humildade de um Sócrates ou de um Pirro para admitir: "Não sei nada". Antes creem saber tudo. E esse suposto saber absoluto do qual se acham imbuídos é a receita certa para o caos.

O caos social não será gerado apenas pelo colapso da economia ou do sistema de saúde, mas também pelo desperdício de energia com as contendas inúteis. O caos é gerado quando se troca iniciativas de solidariedade por mútuas acusações, políticas públicas cooperativas por interesses eleitorais, união familiar e fraterna por arengas em torno da pauta política do dia. O caos social é o som de panelaço misturado a sirenes de ambulâncias, buzinas de carros que protestam em carreatas contra o isolamento, misturando-se com o som das britadeiras usadas para erguer um hospital de campanha. O caos já é a miséria moral dos que superfaturam obras em meio à calamidade pública convivendo com a miséria real de um povo sem saneamento básico e sem trabalho.

Não dá para acreditar em tudo o que diz a mídia, mas também não dá para acreditar em quem se pinta de herói do povo perseguido por ela ou naquilo que se divulga em redes sociais tomadas por fanáticos. Os governos estaduais precisam da mídia para justificar a tentativa de controle da sociedade e a farra com o superfaturamento de obras sem licitação; a mídia precisa apavorar a população para faturar vendendo medo e conseguir patrocínio do governo para nos domesticar cada vez mais; e o Presidente da República precisa da mídia vendida para posar de vítima nas redes sociais.

Em meio a tudo isso, a luta do cético é um tanto inglória. Talvez ele não duvide de que há um povo sufocado pela má-fé, pela falta de compaixão e de dignidade de quem os governa. Isso faz parte do que se apresenta, do que salta aos olhos e não pode ser negado; assim como não se pode negar a ocorrência da pandemia. Mas a aderência ao sofrimento como fenômeno, como um *pathos* com o qual precisaríamos lidar é dificultada pela interferência das narrativas que nos distanciam do outro, do semelhante, do próximo do qual poderíamos nos apiedar e deveríamos ajudar, ligando-nos a políticos que desconhecem a nossa existência, mas que – algo difícil para um cético entender – são adorados ou odiados e, nessa adoração ou nesse ódio, tecem o destino de uma coletividade cega.

# A VEZ DE MORO E A NAU SEM RUMO DO CAPITÃO

*O Povo, 25 de abril de 2020*

A tarde da quinta-feira foi marcada pelo barulho de um possível pedido de demissão do ministro da Justiça. Todos os veículos da grande mídia fizeram circular a informação, mas como a confirmação não veio logo, os apoiadores do presidente insistiram, nas redes sociais, que se tratava de *fake news*. Os bastidores, porém, apontavam para algo grave. A tormenta fora provocada pela insistência de Bolsonaro em substituir o diretor-geral da Polícia Federal, Maurício Valeixo. Aturdidos, os bolsonaristas apegavam-se à narrativa de que o próprio Valeixo teria pedido para sair. Exonerado Valeixo, os negacionistas apegavam-se ao termo "a pedido" que constava na exoneração.

Pois bem, o próprio Sergio Moro trouxe a verdade à tona no dia seguinte. Valeixo teria cogitado sair devido à pressão sofrida e a sua exoneração foi feita à revelia dele e de Moro. A troca de Valeixo violaria a carta branca que Bolsonaro prometera ao ministro no combate à corrupção e ao crime organizado. Não lhe fora dado motivo plausível para a substituição e a troca configuraria, segundo Moro, "uma interferência política na Polícia Federal". A má-fé de fazer constar no diário oficial da União uma exoneração "a pedido", escamoteando o que de fato houve, foi fator decisivo para o pedido de demissão do ministro.

Ampliou-se, pois, de maneira irreversível, o fosso que separa "bolsonaristas" de "lavajistas." A direita está rachada. E não apenas em duas partes. Ela atualmente é um mosaico cujo único ponto em comum é não ser de esquerda. Mas nesse mosaico da direita, a parte que mais se apequena é a dos defensores renitentes e encegueirados de um presidente que encena o papel de homem honesto perseguido pela velha política, enquanto, nos bastidores, navega por águas turvas com envolvidos em escândalos de corrupção e investigados pela PF.

Nesse exato momento, é com expoentes do setor mais fisiológico do Centrão que o presidente Bolsonaro está negociando para compor nova base no Congresso.

Que o capitão de uma nau do tamanho do Brasil perca o rumo é grave; é ainda mais grave que isso ocorra em meio a uma pandemia. São tantas as manobras ineptas e perigosa do capitão que é difícil manter a atenção em uma, pois a de ontem é superada pela de hoje; e a de amanhã nem se imagina qual seja.

# PANDEMIA E ISOLAMENTO SOCIAL: O QUE NOS CABE?

*O Povo, 9 de maio de 2020*

Todos nós estamos sendo chamados ao trabalho coletivo, sem ideologias. Não adianta recrudescermos os discursos que nos protegem daquilo que nos amedronta: o liberal teme o Estado e o condena; o estatista teme a liberdade e a reprova; o comunista teme o mercado e o execra; o capitalista teme o social e o profana. Todos os conceitos políticos precisarão ser vistos sob uma nova óptica. Não se trata de ceder aos argumentos falaciosos do que julgamos errôneo, mas buscar a harmonia de ação que o momento requer. E para isso são necessárias concessões. Concessões do orgulho. Retorno, revisão, remanejamento de teorias.

É preciso, antes de mais nada, assegurar o tratamento dos doentes durante a pandemia. Tudo o mais é secundário e todas as discussões são inócuas se não estiverem embasadas em um consenso ético mínimo. Esse mínimo de moralidade é o reconhecimento do direito à vida daquele que quer viver. Não importa se esse indivíduo é velho ou novo, branco ou preto, rico ou pobre, doente ou são. Todos devem ter direito ao tratamento necessário para a manutenção da sua vida.

Ora opera-se com recursos escassos. Muito já foi dito sobre a possibilidade de colapso do nosso sistema de saúde. Não obstante, melindram-se aqueles que têm o seu direito de ir e vir cerceado. Cabe então a pergunta: esses que se melindram estariam dispostos a trocar o passe do seu passeio por um leito no hospital? Estariam dispostos a pagar com a morte de um ente a passeata ou carreata ideológica que ousaram fazer?

Apenas um curto espaço de tempo é o que se pede. Mas os que estão imersos em teorias já engatilhadas, em conceitos já arranjados dentro de certa narrativa, escandalizam-se com a possibilidade de reclusão.

O barulho devido ao isolamento não foi tão grande quando ele se fez necessário no Oriente. Talvez os orientais tenham mais disciplina e respeitem a vida como valor superior ao ímpeto de liberdade absoluta.

Mas o isolamento deveria ser feito como um movimento pedagógico e indutor, e não coercitivo e violador. Nada de punições excessivas, de rigores arbitrários, mas uma ampla campanha de adesão para que cada um compreenda o papel que lhe cabe como ente inserido em uma complexa rede na qual a sua autoproteção é a forma mais eficaz de proteger o outro e de salvar vidas.

# ALMA NÃO TEM COR

*O Povo, 6 de junho de 2020*

O assassinato de George Floyd nos lembrou que o racismo, um dos maiores flagelos de injustiças que perdura no mundo, campeia mesmo em países de tradição liberal, como é o caso dos Estados Unidos da América, demonstrando que ainda estamos em um estágio muito baixo da nossa evolução civilizatória.

Reafirmamos, todavia, que, na nossa evolução política, a democracia liberal, o Estado de direito e o Estado constitucional é ainda o que temos de melhor. Como disse Churchill, de modo espirituoso: "*A democracia é a pior forma de governo, com exceção de todas as demais*".

Justamente por não ser uma forma acabada de regime, mas uma fórmula aberta para aprimoramentos que tenham por norte os ideais da Liberdade, Igualdade e Fraternidade, a própria democracia abre espaço para a reação à injustiça praticada contra George Floyd.

Faz parte do amadurecimento civilizatório a exigência democrática de afirmação do princípio de igualdade. Todos são iguais perante a lei; não apenas formalmente, mas efetivamente. O que não se deve esquecer é que esse apelo também é fortemente cristão: todos somos irmãos, filhos de Deus. É a fraternidade que sublima a igualdade para além da mera exigência de igualitarismos. Somos iguais e únicos. Somos livres e iguais. Diferentes enquanto indivíduos, mas iguais perante a lei e perante a Lei de Deus. Irmãos em Cristo, que nos veio em todo seu esplendor ensinar essa grande lição.

Em relação aos protestos que se seguiram à morte de Floyd, é bom relembrar que, na histórica luta pelos direitos civis nos Estados Unidos, nas décadas de 1950 e 1960, as maiores conquistas se deveram ao movimento pacifista de Martim Luther King, cujas primeiras inspirações foram suas crenças cristãs e a estratégia de não-violência de Mahatma Gandhi. A linha de violência que se insere nos protestos, lá ou aqui, é uma linha de desvirtuamento, que não deve ser incentivada.

Nada se cria com violência (a não ser a violência extravasada na arte por sua própria sublimação). Se cabe à democracia o espaço aberto para o aprimoramento gradual de si mesma, se a ela cabe a tarefa histórica de concretizar no espaço do Direito o mundo mais justo possível e não o mais justo dos mundos, não é de se crer que a humanidade se destrua a si mesma para afirmar formas ultrapassadas de organização social.

# ÓDIO, JORNALISMO E LINGUAGEM

*Folha de S. Paulo, 12 de junho de 2020*

A questão do ódio por motivação política voltou à ordem do dia devido à agressiva reação ao anúncio feito pelo presidente de que seu teste do coronavírus deu positivo, estando uma coluna de Hélio Schwartsman, desta *Folha*, entre as reações mais polêmicas.

O combate político perpassado pela agressividade no discurso funciona como catarse para alguns, mas pode induzir outros a algo incontrolável.

Cada um de nós que tem a honra de emitir opiniões em veículos de grande circulação ou que tem em torno de si seguidores atentos deveria se abster de insuflar ainda mais os ânimos de um povo já tão exaltado.

O leitor espera de nós informação, análise, opinião ponderada, e não o espasmo de emoções mal trabalhadas perpassadas por um amálgama de ideologias confusas disfarçadas sob o manto de tal ou qual filosofia.

Não há que se comparar o ofício do jornalista com o do filósofo, mas não há também que se confundir o leitor com o uso sofismático da filosofia como pano de fundo para emissão de desejos pessoais eivados de preconceito político.

Todos somos responsáveis pelo restabelecimento do caráter elevado do discurso e do decoro no uso público da razão. Quer nos refiramos ao presidente, ao inimigo do presidente, ao colega que contradiz nossas ideias ou àquele que as corrobora, compete-nos o sóbrio linguajar.

O leitor é merecedor do nosso respeito e dos nossos melhores esforços de expressividade, no zelo que dedicamos a cada frase apurada no labor linguístico e peneirada pela sobriedade do intelecto ocupado em contribuir para o progresso real, e não para o recrudescimento social em beligerâncias sem fim.

Não desejo a morte do presidente. Não politizei a minha alma a ponto de esquecer os preceitos cristãos que sustentam minha ética (não consequencialista). Mas, caso desejasse, por ética profissional me absteria de expressar tão rude desejo. Não que expressá-lo seja crime. É que, conforme o apóstolo Paulo: "Tudo me é permitido, mas nem tudo convêm".

# IMPRENSA, EXPRESSÃO E LIBERDADE

*O Povo, 20 de junho de 2020*

Ainda que nenhum veículo específico da imprensa brasileira possa ser considerado excelente, a excelência da nossa imprensa repousa na pluralidade dos órgãos de comunicação. É esta, aliás, a situação comum nas democracias liberais. O que não nos impede de criticar a imprensa, deplorar seu estado ou dirigir-lhe sarcasmos. E podemos fazê-lo de dentro da própria imprensa. Também isso é liberdade de imprensa e de opinião.

Na literatura não faltaram depreciações da imprensa, sendo famoso o exemplo de Balzac no romance *Ilusões Perdidas*, onde o jornalismo, que avançava vigorosamente na França pós-revolucionária é apresentado como uma chaga e os jornalistas como venais "negociantes de frases". Ainda hoje muitos pensam assim. Porém, o pensam sobre os jornalistas que lhes são adversos.

De ordinário, nas sociedades livres, quem mais costuma reclamar da imprensa são políticos que se sentem desfavorecidos por tais ou quais coberturas. No Brasil, recentemente, quem atacava a imprensa com maior furor era a esquerda petista. Agora, quem ataca a imprensa com maior virulência é a direita bolsonarista. O inusitado tem sido protagonizado pelo STF que hoje – ao atacar a direita bolsonarista sob o pretexto de combater as *fake news* – ataca o sagrado direito de um indivíduo ou grupo político ser tosco e expressar a própria rudeza nas redes sociais.

O PT, quando esteve no poder, comandou uma campanha pelo controle da imprensa, chamada, em linguagem orwelliana, de "democratização da mídia". Claro que o modelo de especial admiração da esquerda petista era – e continua sendo – a ditadura cubana, onde toda a imprensa está concentrada em uma única mão: a mão do Estado.

O bolsonarismo, por sua vez, atingiu uma animosidade nunca antes vista contra órgãos de imprensa e jornalistas que lhe são adversos. Animosidade esta que, a começar pelo próprio presidente Bolsonaro, expressa-se, as mais das vezes, por linguagem chula e infamante.

Até o momento, porém, não consta que o presidente tenha usado arbitrariamente o seu poder para calar a imprensa. Talvez seus filhos e apoiadores tenham criado uma indústria de *fake news* como força paralela capaz de se contrapor à imprensa marcadamente antibolsonarista.

É o que deve ser investigado. Dentro dos parâmetros do Estado de Direito cuja defesa tem sido o mote de um controverso inquérito.

# PANDEMIA SOLTA, QUEIROZ PRESO

*Folha de S. Paulo, 21 de junho de 2020*

A crise política atingiu um nível de tensão que requer um desfecho. Os nervos do público já não suportam o prolongamento do drama e, principalmente, a crise sanitária não suporta mais o peso suplementar da crise política. O componente político-ideológico da crise obscurece a visão do que é mais importante: as vidas perdidas e ameaçadas pela pandemia. Não há número de mortes que traga ao presidente o mínimo de razoabilidade no enfrentamento de tão grave questão. Pelo contrário, a cada dia, estica-se a corda da crise política em meio à crise sanitária.

A prisão de Queiroz, com seus desdobramentos explosivos que envolvem o clã Bolsonaro, agravou tudo. A saída de Moro do governo, lembremos, deveu-se à intransigência do presidente em querer trocar o diretor da PF, com interesse mais específico na superintendência do Rio:

> "Eu não vou esperar foder minha família toda, de sacanagem, ou amigos meus, porque eu não posso trocar alguém da segurança na ponta da linha de uma estrutura que é nossa. Vai trocar! Se não puder trocar, troca o chefe dele! Não pode trocar o chefe dele? Troca o ministro",

vociferou o presidente em reunião ministerial. Trocou-se o ministro. Bolsonaro não queria ser "surpreendido com notícias", mas acabou surpreendido com a prisão de Queiroz na casa de Wassef.

No começo do mandato, em meio às primeiras repercussões envolvendo as denúncias contra o filho, Bolsonaro declarou: "Se ele errou e isso ficar provado, eu lamento como pai, mas ele vai ter que pagar". Declaração honrosa. Desonroso é agir para impedir a Justiça de obter tais provas. O Brasil, afinal, não está acima de tudo?

Quanto mais a crise se agrava, mais Bolsonaro se articula com o Centrão para se blindar de um provável impeachment. Quanto mais acuado, mais refém do *establishment* que disse combater. Espera-se, porém, que a Justiça não mire apenas Flávio Bolsonaro, mas todos os 27 políticos que constam na lista do Coaf como investigados por "rachadinhas".

# A AGENDA ANTI-MORO

*Folha de S. Paulo, 28 de junho de 2020*

Comumente a paixão política faz surgir narrativas que distorcem a realidade e em meio às quais os apaixonados se movem com ressentimento e má-fé. Alguns desses se reuniram em um grupo chamado Prerrogativas, dedicado especialmente à ocupação mesquinha de levar adiante uma "agenda anti-Moro."

Articulados no tal grupo, advogados que atuaram ou atuam na defesa de alvos da Lava Jato querem impedir o ex-ministro de refazer seu registro na OAB e exercer a advocacia. Faz parte também da agenda do grupo "divulgar que avanços autoritários e antidemocráticos surgidos no bolsonarismo são um legado da Lava Jato e têm a paternidade de Moro". Uma integrante do Prerrogativas diz que se trata de cobrar "olhar lúcido" sobre a atuação de Sergio Moro. Resolvemos contribuir também com nosso olhar lembrando que:

Moro não condenou apenas políticos do PT, mas de vários partidos – da esquerda, do centro e da direita –; suas sentenças foram, com eventuais abrandamentos ou agravamentos, corroboradas pelas instâncias superiores; seus julgamentos não derivaram do seu capricho, mas de investigações da Polícia Federal e denúncias do Ministério Público; o legado da Lava Jato foi o combate à corrupção e a esperança de renovação política com a moralização da vida pública.

O que mais pesa para a onda de ataques a Moro neste momento é o seu capital político e a possibilidade de, em 2022, rivalizar com os extremos à esquerda e à direita.

Sendo assim, parte da direita desconsidera solenemente que tudo o que Moro afirmou em coletiva e em depoimento vem se confirmando, e bolsonaristas seguem firme acusando-o de traidor, como se a lealdade a um líder fosse mais importante que a fidelidade a princípios.

De todo modo, é lamentável que, no momento em que o país passa pela pior crise sanitária da sua história, agendas baseadas em cálculos eleitorais e ressentimentos políticos tirem o foco da agenda de combate à pandemia.

# JUSTIÇA E POLÍTICA

*O Povo, 4 de julho de 2020*

Na *República*, de Platão, discute-se a natureza da Justiça. No primeiro livro da referida obra, Sócrates refuta três opiniões falsas acerca dessa noção:

A primeira opinião sustenta que justiça consiste em dar a alguém o que lhe pertence, devolver o que é depositado – ao que se replica que, em alguns casos, isso pode ser prejudicial, pois nem todos fazem bom uso do que lhes pertence. A segunda opinião defende que a justiça consiste em ajudar os amigos e prejudicar os inimigos – ao que Sócrates replica que para dar aos amigos o que é bom para eles, faz-se necessário distinguir corretamente os amigos e saber o que é bom para cada um deles, devendo a justiça imbuir-se de um conhecimento ou arte de ordem mais alta. A terceira opinião declara a justiça como vantagem do mais forte, que estabelece leis em vista da própria vantagem e bem estar, não havendo nada mais a que se possa recorrer além das leis e convenções de origem humana.

Pois bem, nosso país, no que concerne à justiça, parece perdido entre as opiniões de Céfalo, Polemarco e Trasímaco. Nossas autoridades não passaram pelo crivo da sagaz e moralizadora dialética socrática. Não entenderam ainda a Justiça como uma ideia norteadora da qual devem almejar se aproximar. Não sabem que o homem justo serve à justiça e não aos seus amigos ou ao grupo que lhe sustenta no poder.

A forma de se fazer política no Brasil pôs a justiça na arena de gladiadores tresloucados. O presidente, que deveria executar as leis, tenta livrar-se delas; o juiz do Supremo, que deveria julgar, abre inquéritos para investigar crimes de honra contra si próprio; o Procurador Geral, que deveria mandar investigar políticos, manda investigar a maior força tarefa que os investiga; os cidadãos, que deveriam averiguar e cobrar a adequação das autoridades às suas próprias funções, ocupam-se em combater sem tréguas o inimigo suposto e em defender fanaticamente o político supostamente amigo.

O momento no Brasil é grave e requer cautela. Cautela da qual se distanciam todos aqueles que gritam arvorados palavras de ordem desconexas e irascíveis.

É preciso prudência e coragem para que se combata o erro e se reestruture a vida pública.

É verdade que o progresso não se faz sem choques ideológicos, mas esse combate de ideias prescinde de certas perseguições ardilosas e mesquinhas a inimigos políticos.

# O CERCO À LAVA JATO

*Folha de S. Paulo, 6 de julho de 2020*

A agenda anti-Moro, tema da nossa coluna anterior, é um aspecto da agenda anti-Lava Jato. Agenda essa que avançou desabridamente quando a subprocuradora-geral da República Lindôra Maria Araújo requisitou acesso indiscriminado a todas as bases de dados nas quais se arquivam todos os documentos sigilosos dos seis anos da operação, incluindo informações sobre investigações em curso.

A ação de Lindôra – braço direito de Augusto Aras, nomeada por ele chefe da Lava Jato e vista por alguns como associada ao bolsonarismo – foi o estopim que tornou pública a animosidade entre a PGR e a principal força-tarefa da Lava Jato.

Em ofício enviado à corregedoria do MPF, 14 procuradores comunicaram o estranhamento com a busca indiscriminada de documentos, registrando, inclusive, que uma das pessoas que acompanhavam a subprocuradora em sua nebulosa missão teria afirmado que estavam fazendo um "inventário bem grande".

Pois bem, pouco confortáveis com a ideia de inventariar a Lava Jato, três procuradores pediram demissão.

Outro fator de atrito entre procuradores da Lava Jato em Curitiba e a PGR é a proposta de criação de um órgão central para concentrar informações e decisões relativas ao combate à corrupção. A Unidade Nacional de Combate à Corrupção e ao Crime Organizado (Unac) seria coordenada por alguém escolhido por Aras, que, lembremos, já era crítico da Lava Jato e foi escolhido por Bolsonaro fora da tradicional lista tríplice.

Se muitas vezes a campanha contra a Lava Jato centra fogo no ex-ministro Sergio Moro, outras tantas vezes ataca os procuradores da força-tarefa de Curitiba, especialmente Deltan Dallagnol, que será julgado a qualquer momento por ter abusado de poder ao conferir, em 2016, palestra com PowerPoint em que o nome "Lula" centralizava o gráfico descritivo do esquema do "Petrolão".

Abuso de poder, porém, é a própria corrupção, e não o seu combate.

Abusivo é se eleger sob a insígnia da Lava Jato e permitir seu desmonte.

# DEMOCRACIA CANCELADA

*O Povo, 18 de julho de 2020*

Lançando raízes na Grécia Antiga, o ideal democrático vincula-se ao diálogo e ao debate civilizado perpassado pelo raciocínio dialético e transpassado pelo *logos,* que busca ascender os interlocutores a uma compreensão mais abrangente capaz de conter os distintos modos de cada cidadão viver e conceber a vida. Em uma democracia, as opiniões discrepantes não são imoladas, mas toleradas, pois trata-se de um regime capaz de harmonizá-las deixando-as subsistirem para a própria maturação social.

Sendo assim, estranha-se que arautos da democracia optem soberbamente pelo óbice da expressão de concepções antagônicas nos centros de difusão de conhecimento, tais como as universidades, as redações de jornais ou os espaços dedicados à arte e à cultura.

Visto que essa contradição dificulta o entendimento da questão, sejamos claros ao afirmar que o democrata progressista de hoje pode ser o verdadeiro tirano, e o supostamente conservador retrógrado pode estar mais atento e disposto ao real progresso. Pode. Nem sempre é assim. É preciso analisar cada caso, observar cada situação e não generalizar interpretações. Convém tentar enxergar a vida social para além do filtro ideológico das grandes narrativas histéricas e estéreis.

A democracia não é somente uma teoria, mas uma confluência de tradições e conquistas intelectuais, éticas, jurídicas e institucionais que trouxe para o corpo social a dimensão do respeito mútuo e do interesse recíproco. Todo discurso que tenta se impor como verdade última da vida em sociedade fere essa ordem cuja característica é estar aberta a novas formulações que visem a alcançar o máximo da perfectibilidade humana sem pressupor um ser humano ou uma ordem humana perfeita.

Ampla e irrestrita, a democracia está aberta a todas as vozes para que elas se harmonizem sem a imposição de uma única voz mais firme ou mais estridente.

Se hoje impera o discurso intolerante, impertinente, tolo e agressivo, ou o discurso hipócrita, autoritário e malicioso, isso se deve ao fato de que são esses os discursos que agradam à maioria.

Quando a maioria buscar notas mais suaves que lhes falem mais à mente lúcida e ao coração nobre, os tais discursos de ódio estarão cancelados, sem que para isso tenha sido necessário cancelar a própria democracia, que jamais subsiste sem liberdade.

# NÃO É HORA DE PERDOAR O PT

*Folha de S. Paulo, 19 de julho de 2020*

Escreveram haver soado no Brasil a trombeta da "hora de perdoar o PT". Por um lado, a exortação é sem sentido; por outro, é refutável e moralmente inaceitável.

Vez ou outra levanta-se poeira no jornalismo quando algum articulista expõe uma opinião mais exótica. Isso não é mau, pois dá ensejo ao debate, que é saudável e democrático. Mau seria não haver quem se contrapusesse à extravagância de trazer para esse âmbito algo tão nobre e digno como o ato de perdoar.

No seu sentido profundo, o perdão é ato singular que se dá na relação de indivíduo a indivíduo e do indivíduo para com Deus. No âmbito político, é quase regra que haja fraude por parte de quem pede e por parte de quem concede perdão. Um exemplo do perdão político foi a anistia; perdão este que o PT e vários outros segmentos da esquerda não aceitaram de modo imparcial, mas instrumentalizaram para interesse de seu próprio grupo.

Vejam que ironia: o ex-ministro José Dirceu (PT), condenado na Lava Jato a 42 anos de prisão por corrupção e lavagem de dinheiro – já tendo sido beneficiado pela Comissão de Anistia com indenização de cerca de R$ 60 mil – valeu-se também da contagem do tempo de anistia, de outubro de 1968 a dezembro de 1979, para obter a aposentadoria no valor de cerca de R$ 10 mil por mês, que acaba de ser aprovada.

Dirceu, não faz muito tempo, ao ser questionado sobre PT e eleições, declarou em entrevista: "É uma questão de tempo pra gente tomar o poder; nós vamos tomar o poder, que é diferente de ganhar uma eleição".

O PT ainda tem um projeto de poder que passa pela desmoralização da Justiça, da imprensa e de outras instituições; ainda é aliado de ditaduras e, apesar de, do mensalão ao petrolão, ter institucionalizado a corrupção, ainda glorifica seus corruptos e nega os escândalos nos quais se envolveu. Não se arrepende.

Se o PT mudar, deixa de ser PT, e não haverá PT para perdoarmos. Mas, se continuar a ser PT, o nosso perdão será capitulação e covardia.

# SUPREMA CENSURA

*Folha de S. Paulo, 26 de julho de 2020*

O Brasil vivencia uma grave crise institucional. A nossa democracia sustenta a duras penas o tal "presidencialismo de coalizão", prática do governo de criar base de apoio distribuindo cargos entre parlamentares, no famoso toma lá dá cá que põe o Executivo e o Legislativo em atrito quando não há acordão.

Havendo embate entre esses dois Poderes legitimados, o conflito é, muitas vezes, dirimido pelo Poder Judiciário, que tem menor legitimidade democrática, já que não foi escolhido pelo voto do povo.

A supremacia judicial seria, em tese, um mecanismo de proteção da democracia. O que se dá, porém, quando o abuso antidemocrático vem justamente da instituição que tem a última palavra sobre as leis? O que é da democracia na qual o Supremo Tribunal abusa do poder?

Não foi à toa nem de uma hora para outra que o STF caiu em descrédito e passou a ser alvo de protestos. Seja pelo seu ativismo em prol de uma agenda progressista que vai desde pautar a descriminalização do aborto até criminalizar a homofobia, seja pela presteza com que tem blindado ou soltado corruptos poderosos presos pela Lava Jato, o fato é que já havia motivos suficientes para que o povo se levantasse contra o STF antes mesmo de este, na figura do ministro Alexandre de Moraes, cometer o supremo abuso da censura.

No âmbito de inquérito controverso que corre sob acusações vagas de "atos antidemocráticos", "*fake news*" e "discurso de ódio", houve mandados de busca e apreensão, prisões arbitrárias e – não bastasse ter havido ano passado censura à revista que dera conta de documento que mostrava envolvimento de um ministro do Supremo com a Odebrecht – agora a retirada do ar de dezenas de contas pessoais em redes sociais, numa flagrante criminalização da opinião política.

Cabe ao Senado reequilibrar os Poderes e barrar a escalada autoritária do STF. Urge a CPI da Lava Toga. Para que os magistrados bem exerçam sua elevada missão, eles devem estar livres de suspeição.

# PANDEMIA, DEMOCRACIA E LIBERDADE

*O Povo, 1 de agosto de 2020*

Desde o início da pandemia do coronavírus, ganharam fôlego exercícios de futurologia. É natural que seja assim, e algumas especulações são úteis no preparo do amanhã incerto. As extravagâncias, porém, não são poucas, e, nesse quesito, os socialistas são insuperáveis. Em geral, começam anunciando, pela milésima vez, o fim do capitalismo, que não seria capaz de passar pelo teste da Covid-19. Alguns, mais ousados, afirmam que o capitalismo é o responsável pela eclosão da doença e que a atual calamidade só será debelada com o advento do socialismo.

Os argumentos levantados nessas teses anticapitalistas são vários, sendo um dos mais recorrentes aquele que afirma que o Estado liberal mostrou-se incapaz de disciplinar a população no cumprimento de normas sanitárias e incapaz de prover suficientemente as necessidades dos mais frágeis diante da situação de calamidade; coisa que seria realizado a contento pelo Estado socialista.

Quanto ao aspecto da disciplina, havemos de convir que Estados autoritários têm maior facilidade de a impor, porquanto lidam com um conjunto social mais homogêneo, horizontalmente submetido à servidão. De fato, nas democracias liberais, a disciplina coletiva é mais difícil. Ainda assim, há de se considerar que em alguns países democráticos a disciplina exigida para o enfrentamento da pandemia atingiu níveis de excelência, embora, em outros, como o Brasil, tenha ficado a desejar. Disso apenas se deduz que a liberdade com responsabilidade deve ser aprimorada; sendo sempre abominável a disciplina pela servidão.

Quanto ao aspecto da previdência social, da proteção dos mais frágeis, tal política não é apanágio do socialismo. A proteção e promoção sociais são políticas incorporadas pelas sociedades livres há bastante tempo, sendo que, a rigor, nunca foram de todo estranhas ao espírito liberal.

Qualquer que seja o método de ação governamental que se use para a proteção e promoção sociais, será preciso dinheiro e a economia de livre-mercado, ou seja, capitalista, provou-se a mais competente na produção de riquezas.

Desse modo, ao contrário do que pretendem os socialistas, o que o mundo da pós-pandemia haverá de requerer não será a extinção da economia de mercado, mas seu incremento; pois é preciso produzir a riqueza para poder distribuí-la.

# O PROCURADOR SOB ENCOMENDA

*Folha de S. Paulo, 2 de agosto de 2020*

Augusto Aras foi colocado sob encomenda na Procuradoria-Geral da República. Sob encomenda para fazer o quê? Ao que parece, para destruir a Operação Lava Jato.

Na semana passada, Aras participou de "*live*" transmitida pelo canal do PT no YouTube e promovida pelo grupo Prerrogativas (uma associação de advogados adversários da Lava Jato). Ali, Aras falou de modo acusatório e leviano contra a operação. Sua fala deixou petistas de "alma lavada", dando-lhes novo ânimo. Em meio à euforia, deputados conseguiram o número de assinaturas necessárias para instalar a "CPI da Lava Jato."

Articulada por partidos de esquerda, a mal-intencionada CPI conseguiu apoios do Centrão, o pântano fisiológico onde o presidente Bolsonaro resolveu lançar sua âncora de governabilidade. Da esquerda petista à direita bolsonarista, passando pelo STF, fez-se um amplo e vergonhoso acordo que dá sustentação política a ações aberrantes em favor da impunidade por parte de instituições que têm o dever de combatê-la.

Questionado por senadores acerca de suas infelizes declarações, o procurador-geral reiterou as críticas à Lava Jato e acrescentou que a República não combina com heróis.

De fato, a vida política do nosso país é tão mesquinha e ordinária que aqueles que tentam fazer valer justiça contra os poderosos são detratados por uma narrativa enviesada e hipócrita que ousa transformar quem combateu o crime em criminoso.

Nesse clima geral pró impunidade, Gilmar Mendes aguarda o momento propício para julgar o pedido de suspeição de Moro, Dias Toffoli suspende investigações sobre José Serra, além de propor, com apoio de Rodrigo Maia, uma lei de quarentena de oito anos para o magistrado que queira pleitear cargo público, enquanto o notório Renan Calheiros depõe ao CNMP em processo contra Deltan Dallagnol.

Esse triste quadro lembrou-me um sermão do Padre Antônio Vieira: "porque furtam, furtavam, furtaram, furtariam e haveriam de furtar mais, se mais houvesse."

# CULTURA DO CANCELAMENTO E CORRUPÇÃO DO PENSAMENTO

*Folha de S. Paulo, 9 de agosto de 2020*

O progresso humano, vez ou outra, é interrompido por formas corrompidas de pensamento que se vendem como caminhos de emancipação. A chamada "cultura do cancelamento" é uma dessas ondas de irracionalidade cujos adeptos julgam promover a justiça quando, na verdade, só promovem intolerância.

O "cancelamento" consiste em, diante de uma divergência de opinião ou de uma atitude considerada errada, saltar-se imediatamente da crítica para a negação do direito de existência do divergente, organizando hordas digitais para sua destruição moral e profissional (ainda não física). É, pois, um ativismo inquisitorial, histérico, mimado e ressentido que tem feito inúmeras vítimas.

O movimento é tão radical que, sendo de índole progressista, foi alvo, mês passado, nos EUA, de carta de repúdio assinada por 150 artistas; eles mesmos progressistas. O lúcido manifesto, intitulado "Uma carta aberta sobre justiça e debate aberto", dava conta da "atmosfera sufocante" a exigir "conformidade ideológica" e dissolver "questões políticas complexas com uma certeza moral ofuscante".

Pois bem, os censores mantiveram-se inabaláveis na sua intolerância, reafirmando-a em um contra manifesto no qual acusaram os signatários do manifesto anterior de serem "intelectuais cis brancos" obstinados em não "abrir mão do elitismo".

Essa bizarra "cultura do cancelamento" também está em alta no Brasil, tendo atingido dia desses o jornalista Leandro Narloch, demitido da CNN sob acusação de homofobia, e, mais recentemente, a antropóloga e historiadora Lilia Schwarcz, cujo texto publicado na *Folha* foi acusado de racista.

A extravagância dessas situações mede-se pelo fato de Narloch ser abertamente favorável à livre orientação sexual e Lilia ser abertamente antirracista.

Os justiceiros sociais cometeram notória injustiça. Mesmo assim, Lilia Schwarcz se desculpou. Ou seja, ela cedeu à patrulha e cancelou a si mesma.

# A POLÍTICA COMO ELA É

*Folha de S. Paulo, 16 de agosto de 2020*

O novo líder do governo na Câmara, o deputado Ricardo Barros (Progressistas) é um expoente do Centrão que já foi condenado a ressarcir os cofres públicos quando prefeito de Maringá, apareceu na lista da Odebrecht como beneficiário de propina, foi denunciado por improbidade administrativa quando ministro da Saúde, teve o mandato cassado por compra de votos (ingressou com recurso que anulou a decisão), foi relator do projeto de lei contra o abuso de autoridade e, adivinhem só, é um dos inúmeros inimigos da operação Lava Jato.

Na sua primeira entrevista depois de se tornar líder, Barros atacou Sergio Moro, dizendo que a Lava Jato estava sendo "combatida até pelo Procurador-geral da República" e que as suas ilegalidades seriam passadas a limpo. Ou seja, reproduziu a ladainha que até pouco tempo era exclusividade da esquerda. Mas ele declarou também que assumiu a posição de líder "justamente na hora em que o presidente Bolsonaro se articula com a política como ela é."

Infelizmente somos herdeiros de Maquiavel. Encaramos a política como ela é, sem nos importarmos em como ela deve ser. Aceitamos passivamente o corte entre política e ética perpetrado pelo pensador florentino e já não ousamos conceber a virtude e o bem comum como meta da vida pública. Somos modernos. Entendemos a política como conquista e manutenção do poder; fim esse para consecução do qual todos os meios são válidos.

Vale se aliar à velha política jurando de dedinho combater o *establishment*; vale sancionar fundo eleitoral, juiz das garantias, lei de abuso de autoridade, limitação de delação premiada e restrição de prisão preventiva. Vale dizer que vai dar carta branca a Moro e, em seguida, tentar interferir no seu ministério. Vale interferir na Polícia Federal, nomear petista para PRG e assessor de Toffoli para Ministério da Justiça. Vale trocar dois ministros da Saúde em meio a uma pandemia. Vale tudo na política porque esse vale tudo é justamente "a política como ela é."

# VERDADE, CENSURA E PODER

*O Povo, 17 de agosto de 2020*

Do embate de Platão com os sofistas, passando pela tensão entre a verdade revelada e a filosofia, chegando à modernidade com seus inúmeros tratados acerca do entendimento humano e caindo, por fim, na tal era niilista da pós-verdade, toda a história da filosofia está perpassada pelas questões: o que é a verdade, se há a verdade e como alcançá-la.

Estranhamente, porém, pessoas imbuídas de poder político ou os meros cidadãos desprovidos dele, comportam-se atualmente com um dogmatismo quase desvairado, sem duvidar por um segundo da concepção de mundo ou da visão política da qual fizeram profissão de fé. Eles não apenas dogmatizam, corrompendo sua inata capacidade de reflexão e autocrítica, mas tentam operar seu dogmatismo na esfera pública, cerceando debates, perseguindo vozes, criminalizando discursos. Leis de combate a *fake news*, censura perpetrada pelo STF, patrulha ideológica à esquerda ou à direita, cultura do cancelamento: tudo isso são sintomas de uma sociedade pouco afeita à liberdade e politicamente imatura.

Platão já nos alertava de que das coisas terrenas não há verdadeiro conhecimento (*episteme*), mas apenas opinião (*doxa*). Mas também Nietzsche, filósofo que lhe é antípoda, nos legou a célebre frase "Não há fatos, apenas interpretações", na qual sintetiza o seu perspectivismo, teoria segundo a qual todo conhecimento é parcial, limitado, determinado pela perspectiva daquele que julga conhecer. Mas Nietzsche disse algo mais. Ele alertou que, por trás desse perspectivismo, há um jogo de forças movido pela vontade de poder.

Punir o discurso é um ato autoritário, eivado de laivos persecutórios. A pertinência e a civilidade do discurso não serão alcançadas por intermédio de censura e outras arbitrariedades. O erro do tom do discurso político não pode ter como resposta o erro do tom da aplicação da lei.

O discurso que cai em calúnia, difamação, incitação ao crime já está sob jurisdição, por isso aquele que quer podar o discurso no seu nascimento, inviabilizando o seu espaço de transmissão, atua contra o progresso, só possível pelo embate de ideias em um ambiente reflexivo, respeitoso e livre.

A democracia pressupõe um ambiente real ou virtual livre de amarras ideológicas, de patrulhas, de censuras. A democracia congrega dissonâncias, não as elimina.

# A MENINA, O ABORTO E O ESPETÁCULO

*Folha de S. Paulo, 23 de agosto de 2020*

Ao criticar a caricata militante que expôs o nome da menina de dez anos que foi estuprada e engravidou, ao criticar a confusão que isso provocou na porta do hospital e ao afirmar que tal atitude só daria mais argumentos para a narrativa pró-aborto, um espécime desses que campeiam nas redes sociais xingou-me de "abortista enrustida que não merece nem uma cuspida na cara".

Ocorre que uma situação complexa como essa não se resolve com grito nem cuspe. A despeito da intimidação, o nascimento de uma criança foi impedido em meio à espetacularização promovida por ambos os lados de uma militância ideológica.

Com um atendimento adequado, o hospital poderia ter alcançado não a eliminação de um feto de quase seis meses, mas um nascimento prematuro, já que nessa idade gestacional há probabilidade de sobrevivência. Parir uma criança morta, afinal, não pode ser menos traumático do que parir uma criança viva.

Se a mãe estivesse em risco e o procedimento fatal não pudesse ser evitado, a criança deveria ser conduzida discreta e imediatamente à instituição adequada para reabilitação após o trauma. De uma forma ou de outra, o caso era de acompanhamento profissional, não de militância de donos da verdade empedernidos.

Tanto aqueles que defenderam o aborto, quanto aqueles que supostamente preocuparam-se com a vida que ela carregava no ventre expuseram a menina. Muitos contribuíram para deixar marcas dolorosas e poucos contribuíram efetivamente para ampará-la. É uma criança, afinal! Nada se apaga da memória infantil. Tudo ficará na tessitura inconsciente da personalidade adulta: a dor do abuso sexual, o fenômeno mal interpretado da gravidez, a morte do feto e a celeuma que fizeram da sua tragédia pessoal.

A caridade age em silêncio. Onde houve alarde, não houve amor. O que mais faltou nesse triste episódio foi grandeza moral e compaixão. Politizar a desgraça alheia à direita ou à esquerda não significa nada de concreto em termos de moralidade.

# DONOS DO PODER E DONOS DA VERDADE

*O Povo, 29 de agosto de 2020*

Se não há uma incompatibilidade absoluta, há, pelo menos, um forte antagonismo entre poder e verdade. A tal ponto que, na maioria das vezes, a conquista e a manutenção do poder – que o diga Maquiavel – pressupõe a falta de compromisso com ela. Sendo assim, espanta a quantidade de brasileiros que se prestam a caminhar de olhos fechados para um abismo acreditando que o político que defendem é um ser magnânimo e justo perseguido pelos seus inimigos implacáveis e cruéis, quando, na maioria das vezes, é um indivíduo de caráter dúbio sem resquício do que seja um homem de boa índole e ilibada conduta moral. Espanta ainda que essas pessoas estejam quase sempre predispostas a agredir quem não crê nos dogmas da cartilha ideológica que professam ou na narrativa fantástica do momento, tirada da cartola para favorecer a mitificação do bezerro de ouro que resolveram adorar.

Entre aqueles, por exemplo, que compreenderam que o Partido dos Trabalhadores instrumentalizou a nossa frágil democracia para efetivar o seu projeto de poder e que, na justa ânsia de combater esse mal, elegeu Bolsonaro como presidente, há muitos que o enxergam como uma entidade predestinada à missão salvífica, cujo êxito depende de blindagem cega e defesa feroz. Não importa o quão inconveniente, excêntrica, equivocada ou malsã seja uma atitude ou decisão sua, o seu séquito estará sempre disposto a justificá-lo, uma vez que ele supostamente combateria o mal que se abateu sobre o Brasil.

Ainda não superamos Lula e já sucumbimos, mais uma vez, ao culto à personalidade, descurando dos complexos problemas do nosso país e perdendo-nos em discórdia e fanatismos.

Quando fica claro que um político há muito trocou a verdade pelo poder, é constrangedor ver cidadãos comuns defenderem-no de modo totalmente acrítico. Da mesma forma, é constrangedor ver a mídia demonizando-o como se ele fosse a própria encarnação do satã e não um político como outro qualquer, mais preocupado com as próximas eleições do que com qualquer outra coisa na vida.

Não deveríamos adorar políticos nem demonizá-los. Deveríamos ser indiferentes a eles, como eles comumente o são em relação aos reais sofrimento do povo. Eles são os donos do poder. Não nos arroguemos ser os donos da verdade para defendê-los.

# O XADREZ CONTRA A LAVA JATO

*Folha de S. Paulo, 30 de agosto de 2020*

A partida de xadrez entre os defensores de corruptos e os que lutam contra a corrupção está movimentada. No CNMP, por 10 a 0, foi declarada prescrita e arquivada a ação do ex-presidente Lula contra Deltan Dallagnol no caso do PowerPoint. Lula zangou-se e disse em nota que a decisão pelo arquivamento desmoralizava a Justiça. O ex-presidente é o "rei", peça principal em função da qual os estrategistas da impunidade movem as peças menores.

Sendo assim, um lance importante foi a anulação, pela segunda turma do STF, num empate de 2 a 2, da sentença de Sergio Moro que condenou um doleiro em antigo caso de corrupção no Banestado. O grande mestre Gilmar Mendes conduziu esse lance sob a alegação de que Moro havia sido parcial, prenunciando o próximo xeque contra a Lava Jato quando o mesmo for feito no caso de Lula.

Jogadas urdidas com ilações e mentiras para desmoralizar a Lava Jato e seus membros mais destacados é estratégia permanente de seus declarados inimigos. Em 2019, o circo montado pelo site *The Intercept* cumpriu bem esse serviço. Em 2020, porém, com a saída de Moro do governo, deu-se algo inusitado: a direita bolsonarista fortaleceu os poderosos enxadristas aceitando, inclusive, unir-se no tabuleiro com a esquerda petista, o Centrão e o grupo Prerrogativas, no interesse da impunidade.

Paralelamente à atuação de Aras contra a Lava Jato, sobrevieram outros lances: a AGU recorreu da suspensão dos processos contra Deltan, Toffoli suspendeu duas investigações contra José Serra e Gilmar Mendes suspendeu a ação penal contra ele.

A Lava Jato está acuada, mas quer avançar. A eficiente força-tarefa, gigante no combate à corrupção, ainda tem 400 inquéritos em andamento e quer continuar seus trabalhos. Para tanto, enviou ofício à PGR requerendo prorrogação por mais um ano. A recusa poderá levar a partida a xeque-mate. Se for esse o caso, é o Brasil que sairá derrotado.

# A VITÓRIA DO PÂNTANO

*Folha de S. Paulo, 06 de setembro de 2020*

O quadro jurídico-político do nosso país é desolador. Estamos imersos em um pântano de mentiras, interesses escusos, cegueira ideológica, fanatismo e inversão de valores. Os esperançosos acenos para uma nova política naufragaram nas práticas fisiológicas da aliança de Bolsonaro com o Centrão. Na relação dos Poderes, rege agora, como dantes, a lei da acomodação de interesses, o toma lá dá cá, uma mão lava a outra. Em todos os Poderes desse arremedo de República, acordos indecorosos são feitos no interesse dos poderosos e na blindagem dos que protagonizam a peça tragicômica da política brasileira.

Na Câmara, o presidente Maia senta em cima de quantos projetos e processos incomodem seus aliados; no Senado, o presidente Alcolumbre segura pedidos de impeachment de ministros do STF e impede a CPI da Lava Toga, enquanto espera que esse mesmo STF avalize sua indecente pretensão a uma reeleição inconstitucional.

No STF, Dias Toffolli – aquele que favoreceu a traficância do colarinho branco na decisão sobre o Coaf e instaurou o ilegal inquérito das *fake news* – despediu-se da presidência desqualificando a Lava Jato. Já o suspeitíssimo Gilmar Mendes, que trama a suspeição de Sergio Moro, revogou a decisão que suspendia o processo movido por Renan Calheiros contra Deltan Dallagnol.

Aras, o PGR cavalo de Troia, foi tenaz na perseguição ao procurador, agora afastado do comando da força-tarefa de Curitiba. Dallagnol cumpriu seu dever com eficiência e denodo, tendo, por isso mesmo, atraído contra si a fúria dos poderosos interessados na impunidade.

Apesar de tudo, há resistência, embora difusa e desarticulada. O grupo Muda Senado, por exemplo, tem sido espinho na garganta dos defensores de corruptos e, na Câmara, resistem uns poucos e destemidos deputados. É ver agora se a sociedade reage contra quem ergueu falsamente a bandeira da defesa da Lava Jato para, em seguida, entregá-la de bandeja aos lobos vorazes que anseiam pela sua destruição.

# POLÍTICA E PRIVILÉGIO

*O Povo, 12 de setembro de 2020*

O ideal em direção ao qual se vai construindo a democracia visa a conjugar liberdade e igualdade. Neste caminho democrático, a eliminação ou o achatamento de privilégios foi sempre uma constante necessidade.

É certo que a própria existência do Estado se confunde com a existência de privilégios, mas, já que se quer democrático, exige-se que estes se restrinjam ao estritamente necessário. Quando se avolumam os privilégios, por mais que creiamos estar em uma democracia, estamos, na realidade, em uma oligarquia disfarçada sob o manto de uma honrosa palavra que perdeu seu sentido.

A legitimidade de um Estado que se pretenda democrático pode ser avaliada pela seguinte equação: quanto maiores os privilégios dos seus representantes e agentes, menor a sua legitimidade. Por essa equação, a legitimidade da democracia brasileira é quase nula.

No Estado brasileiro, a começar pelos monumentais salários e incontáveis penduricalhos nas altas esferas dos Três Poderes, avolumam-se de forma ostensiva os privilégios, dentre os quais citamos alguns mais caricatos:

No Legislativo, a quantidade de assessores permitida a cada representante eleito está fora de qualquer razoabilidade. Essa imoralidade leva a ilegalidades como a nomeação de assessores fantasmas com o único objetivo de se apropriar de parte do salário dos nomeados: são as famosas “rachadinhas”, que alguns incautos colocam na conta de um mal menor e tentam justificar.

No Judiciário, especialmente nas altas cortes, os privilégios são tantos que enchem de soberba e orgulho aristocrático. No Supremo Tribunal Federal, por exemplo, certo ministro tem uma assessora designada para proteger com um guarda-chuva a augusta cabeça do alto magistrado, cuja dignidade o impede de executar tarefa tão vulgar.

No Executivo, além das muitas mordomias, instituiu-se um “cartão corporativo” do qual o presidente e seus ministros abusam, gastando a rodo, sem ter que dar satisfação a ninguém.

O tema das reformas retorna a cada novo governo e nova legislatura. Só que não se mexe, de fato, nos privilégios.

Qualquer reforma que não mexa na casta política, jurídica e no alto escalão do funcionalismo público é inócua, indecente e hipócrita porque poupa os sanguessugas que roubam sangue, suor e lágrimas de cada trabalhador brasileiro, de cada pagador de impostos.

# REFORMA NA REPÚBLICA DOS PRIVILÉGIOS

*Folha de S. Paulo, 13 de setembro de 2020*

O principal motivo de clamor público por uma reforma administrativa é o acúmulo de privilégios. Sendo assim, é inusitado que uma proposta de reforma comece por avisar que os mais privilegiados – magistrados, parlamentares, militares e membros do Ministério Público, justamente as categorias de maior remuneração – não serão atingidos.

A reforma proposta pelo governo Bolsonaro retira direitos de muitas categorias de funcionários públicos, ao mesmo tempo em que mantém ou fortalece privilégios do alto escalão do funcionalismo, aqueles que estão na ponta da pirâmide dos Poderes.

A justificativa para ter excluído os mais privilegiados é que estes são membros de poderes, com regras próprias. O Parlamento, porém, tem poder constitucional para ampliar o texto original enviado pelo Executivo e efetivar uma reforma verdadeira, equânime, democrática e justa.

Não adianta apoiar a proposta inicial da reforma dizendo que se trata de um primeiro passo. A aprovação da proposta original, sem emendas, seria um passo em falso.

A necessária reforma tem de começar por cima, cortando os privilégios ali onde eles exorbitam despudorados, afrontosos, escandalosos.

A reforma administrativa é necessária para equilibrar as contas, enxugar e modernizar a máquina pública, melhorar a qualidade dos serviços prestados e, com isso, favorecer a população. Ocorre que a reforma ora apresentada mantém as regalias da elite do estamento burocrático que se sustenta à custa do suor do trabalhador comum.

Paulo Guedes, arquiteto da proposta, não apenas defendeu tais privilégios como mostrou-se indignado por eles não serem mais amplos: "Acho um absurdo os salários da alta administração brasileira. São muito baixos", afirmou, sem nem corar. Para o ministro, a diferença salarial entre os de cima e os de baixo não estaria ainda de bom tamanho: "Tem que haver uma enorme diferença".

Isso não é liberalismo; está mais para *Ancien Régime*.

# A IRA DIPLOMÁTICA SELETIVA

*Folha de S. Paulo, 20 de setembro de 2020*

Mesmo afligido pela pandemia, o mundo não pode fechar os olhos para outro tipo de mal: o autoritarismo dos regimes fechados, das ditaduras.

A insurgência democrática na Belarus vem atraindo a solidariedade ainda tímida das nações livres, enquanto o tirano Aleksandr Lukashenko conta com o apoio da Rússia, o mesmo governo que, tudo indica, mandou envenenar Alexei Navalny, opositor de Vladimir Putin. O governo russo nega ter ordenado tal envenenamento, mas sabemos que a ausência de escrúpulo que justifica o assassinato como razão de Estado é característica das tiranias.

Uma tirania aqui mais próxima, a da Venezuela, também nega aquilo que aos olhos não fanatizados pela ideologia é evidente. Não é novidade que o país está destroçado pela ditadura sanguinária de Maduro, mas foi divulgado recentemente um relatório do Conselho de Direitos Humanos da ONU no qual se afirma que o regime venezuelano usa, desde 2014, de "violência sistemática" contra a oposição, tendo cometido "violações flagrantes" equivalentes a "crimes contra a humanidade", que incluem "casos de assassinato, tortura, agressões, violência sexual e desaparecimento".

O horror reafirmado nesse relatório foi tratado, porém, com certa indiferença no Brasil, enquanto a reação contra a visita que o secretário de Estado dos EUA, Mike Pompeo, fez a Roraima foi furiosa.

Essa ira diplomática seletiva uniu desde o tucano Aloysio Nunes ao ex-chanceler petista Celso Amorim, passando por Renan Calheiros e Rodrigo Maia, que despachou nota de protesto contra a diplomacia brasileira.

O ministro das Relações Exteriores, Ernesto Araújo, respondeu aos ataques de maneira que entendemos ter sido apropriada. As palavras usadas por Pompeo cabem na estratégia de pressão, de dissuasão. No caso, pressão necessária e urgente. Deixar um povo ser massacrado não é "boa prática diplomática", é covardia. Sejamos solidários com os venezuelanos, e não com o tirano que os esmaga.

# POLÍTICA E HUMANISMO

*O Povo, 26 de setembro de 2020*

A política brasileira ainda carece de substância. Do tom profético de uma esquerda escatológica, à demagogia histriônica de uma direita reacionária, faltou a pausa, a reflexão, a ponderação capaz de levar a termo um projeto mais sóbrio, mais plural e mais fundamentado.

De modo geral, a tradição política ocidental se bifurca ora nos acertos de um humanismo reavivado, que colabora com as conquistas liberais e democráticas, ora em apofanias delirantes de rupturas absolutas, abrindo espaço para sequazes que veem no delírio coletivo oportunidade de angariar simpatia para projetos comezinhos.

Mas há um fervilhar subjacente de ideias novas, embora ainda exteriorizadas de modo pouco refletido. Não vale a pena, pois, o apego a fórmulas dogmáticas do passado. A tentativa de submeter o pensamento ao que já foi pensado é uma espécie de trava intelectual que nos impede de progredir.

Houve colônia, império, república, ditadura e há hoje uma suposta democracia que, em realidade, é só um arremedo de interesses retalhados sem a força da tradição que forjou a história brasileira.

Nossa democracia é uma mistura de oligarquia com pitadas de liberalismo ou a deturpação do liberalismo pelo conluio entre setores empresariais e políticos que, embora acusem-se mutuamente, trabalham ambos pelos seus próprios interesses sem preocupação social genuína.

Os poucos que têm preocupação social acabam cooptados pelo esquerdismo radical, intolerante e inconsequente.

De um modo geral, não houve socialismo nem liberalismo, mas experiências torpes que aprofundaram erroneamente o desejo de liberdade ou o anseio de igualdade. Mas não faz sentido o revisionismo histórico para a esquerda ou para a direita se não se quiser olhar para frente sem antolhos ideológicos.

Temos problemas novos para enfrentar e todas as experiências passadas nos servem ou como modelo ou como sinal de alerta, assim como todas as teorias nos podem ser úteis desde que escoimadas dos seus aspectos deletérios, quais sejam, tudo aquilo que relativiza o uso da violência e que atenta contra a dignidade do ser humano.

Nosso futuro político é um modelo humanista e abrangente, capaz de reajustar os desvios éticos mais gritantes de uma sociedade escandalosamente desigual e capaz de reavaliar os modelos autoritários aberrantemente injustos.

# REELEIÇÃO E REBAIXAMENTO DA REPÚBLICA

*Folha de S. Paulo, 27 de setembro de 2020*

Os Três Poderes se acumpliciam, mais uma vez, rebaixando o princípio constitucional de independência e harmonia ao nível da dependência e mútua proteção. Nessa República do compadrio, antes do interesse público vêm os interesses particulares dos mandatários, e as práticas do tipo "uma mão lava outra", dos ilustres políticos, sequer são camufladas. O senador Davi Alcolumbre, por exemplo, move-se às claras e com desembaraço para garantir sua pretensão de continuar no cargo de presidente do Senado por meio de uma reeleição flagrantemente inconstitucional.

Já avança no Senado, elaborada às pressas pela senadora Rose de Freitas, uma PEC para a reeleição de Alcolumbre. O presidente do Senado, todavia, tendo muitos favores prestados a seus aliados nos outros Poderes, não quis confiar apenas na PEC da Rose, tratando logo de manobrar para que o STF o autorize a atropelar a Constituição. Atropelo esse que, aliás, já conta com o aval da PGR e da AGU, sob a alegação de que se trata de questão regimental, e não constitucional.

Questionada por membros do Muda Senado sobre eventual reeleição do atual presidente, a Consultoria Legislativa da casa deu o seguinte parecer: "reeleição dentro da mesma legislatura é inconstitucional". Alcolumbre não deu a mínima; mandou a consultoria às favas e aproveitou para atacar o grupo Muda Senado, que tenta defender a Constituição.

O rebaixamento da República foi selado em elegante jantar oferecido pela senadora Kátia Abreu, que recebeu os senadores Alcolumbre, Eduardo Braga e Renan Calheiros e o ministro Gilmar Mendes, relator de uma ação que poderá resultar na autorização do projeto continuísta.

O que esses convivas têm em comum além do cuidado com a reeleição de Alcolumbre? São contrários à Lava Jato; estão em campanha – aberta ou sorrateira – para destruí-la e, com isso, trazer de volta a garantia de impunidade dos poderosos, no espírito da velha política de acomodação de interesses.

# STF, LAGOSTA E TUBAÍNA

*Folha de S. Paulo, 4 de outubro de 2020*

Jair Bolsonaro surpreendeu em relação ao critério para escolha do novo ministro do STF. Frustrando aqueles que contavam com o pré-requisito, já heterodoxo, de ter que ser "terrivelmente evangélico", preferiu a condição de alguém que já tivesse tomado Tubaína com ele.

Foi com essa explicação que o presidente tentou desanuviar seus eleitores em relação à inesperada indicação do desembargador Kassio Nunes, o mesmo que, em plantão do TRF-1, reverteu a decisão que desautorizava a licitação indecente do STF para uma farra gastronômica de mais de um milhão de reais: aquele famoso cardápio no qual se exigia as mais caras marcas de vinhos e as iguarias mais sofisticadas, como a insuperável lagosta servida com molho de manteiga queimada.

Além de ter liberado a farra das lagostas, Kassio Nunes não é favorável à prisão em segunda instância, não é contrário ao aborto, é simpático ao chavismo e sua esposa já foi funcionária de senadores do PT, motivos pelos quais sua indicação frustrou a ala mais radical do bolsonarismo e indignou os apoiadores da operação Lava Jato.

Por outro lado, o currículo de Nunes entusiasmou petistas e políticos do Centrão, especialmente os mais necessitados de blindagem, como é o caso do senador Ciro Nogueira (PP), investigado por corrupção e lavagem de dinheiro.

A indicação também contou com aval do presidente do Senado, Davi Alcolumbre, do presidente da OAB, Felipe Santa Cruz, do advogado de José Dirceu, Kakay, e dos ministros do STF, Gilmar Mendes e Dias Toffoli.

Cada vez mais identificado com a velha política e monitorado pelo Centrão, Bolsonaro mostra subserviência ao *establishment* que dizia combater.

A indicação de um nome sob encomenda para a acomodação de interesses deixa claro que Bolsonaro não pretende levar um juiz íntegro e imparcial ao STF, mas alguém da sua intimidade, disposto a proteger seus familiares e seus novos aliados políticos que estão na mira da Justiça.

# POLÍTICA, VÍCIO E VIRTUDE

*O Povo, 10 de outubro de 2020*

O problema da política está menos no processo intrínseco aos mecanismos estabelecidos, que nas estratégias adotadas por aqueles que querem subir ao poder ou manter-se nele. O poder corrompe, a vontade de poder leva à corrupção e a vontade de manter o poder a qualquer custo é a receita certa para o fracasso moral no campo da política. Embora haja um movimento incipiente de transformação, a política brasileira ainda é um lodaçal de incúria, mentira, estelionato, corrupção, má fé, cinismo, deboche, traição, subterfúgio e outros vícios.

Afeitos ao poder, os que estão ou já estiveram em cargos estratégicos da República entregam-se pela própria boca, traem-se pelos próprios atos e deixam cada vez mais clara a incapacidade moral de fazerem jus à confiança que lhes foi depositada. Ainda assim, encontram a fidelidade canina e a proteção selvagem daqueles que acreditam dever confiança cega ao líder. Trata-se de um instinto de obediência, programação primitiva do psiquismo, tendência difícil de romper.

Embora o debate ideológico precise ser travado, a exaltação de ânimo nesse quesito favorece apenas a ignorância daqueles que se pretendem portadores únicos de verdades consumadas. De um lado e de outro fervilham animosidades e nem de um lado nem de outro dos extremos vê-se lucidez e moderação. Poucos se dispõem a uma reflexão sóbria a fim de combater em defesa de princípios, preferindo a rematada tolice de repetir clichês deselegantes que desferem ferozes contra os seus adversários, reduzindo o debate público a um palco para ataques pessoais e arengas infrutíferas.

O exercício da cidadania requer autonomia, esperança sem ilusão, boa vontade sem ingenuidade, pragmatismo sem falta de ética. Se não nos mantivermos lúcidos, seremos cúmplices da perpetuação desse ciclo vicioso.

Um ideal sólido, nobre e bom é muito maior do que meras ideologias e do que aqueles que se arvoraram para defendê-las. Precisamos agora de um redobrado esforço moral no sentido de extirpar os vícios do corpo democrático, restituindo-lhe a integridade pela ação terapêutica da virtude. Embora os vícios sejam abundantes e a virtude rara, sem ação virtuosa não há possibilidade da justa construção política que resulta no melhor regime.

# BOLSOPETISMO E AS CRIATURAS DO PÂNTANO

*Folha de S. Paulo, 11 de outubro de 2020*

O presidente Jair Bolsonaro e o PT uniram esforços em direção a um mesmo fim. Embora apelem para o antagonismo no nível do discurso ideológico, a necessidade de desmontar a Operação Lava Jato igualou-os como criaturas de um mesmo pântano. Como o discurso que sustentam é falso, traem-se a todo instante, deixando clara a falta de compromisso com a ética, com o estado de direito, com o espírito republicano, com a justiça ou com a própria visão de mundo que diziam defender.

Não é de estranhar, pois, o ato falho do ex-presidente Lula que, em entrevista ao jornal *El País*, afirmou que não irá "enganar o povo mais uma vez"; ou a cínica declaração de Bolsonaro de que teria acabado com a Lava Jato por não haver mais corrupção no seu governo.

O que causou alguma estranheza foi ver jornalistas antes críticos do que chamavam de imprensa "chapa branca" se prestarem a tratar a referida declaração como sendo uma refinada ironia, como se não houvesse fatos evidenciando o acordo de Bolsonaro com as criaturas mais pantanosas da política no sentido de fragilizar o combate à corrupção.

Tais fatos foram didaticamente expostos por Renan Calheiros em entrevista à CNN, na qual defendeu o "grande legado" que Bolsonaro pode deixar para o Brasil: o desmonte da Lava Jato, que teria montado um "estado policialesco". O senador Calheiros lembrou que o presidente "encadeou várias medidas", como a questão do Coaf, da Receita, a nomeação de Aras, a demissão de Moro, e, por fim, "a nomeação do Kassio".

O entusiasmo com essa indicação ao STF foi tão generalizado entre as "criaturas do pântano" da política quanto o foi a decepção entre aqueles que almejavam uma indicação séria e republicana.

Irritado com as cobranças, o presidente xingou até seus próprios seguidores, chamando os apoiadores que o criticaram de "direita burra". A direita inteligente, presume-se, seria aquela que se cala diante do clamoroso estelionato eleitoral protagonizado pelo mito.

# JABUTI, RAP E UNIÃO ESTÁVEL

*Folha de S. Paulo, 18 de outubro de 2020*

A decisão do ministro Marco Aurélio Mello de aceitar o *habeas corpus* para soltar o traficante André do Rap baseou-se em um "jabuti" inserido no "pacote anticrime" elaborado pelo então ministro da Justiça Sergio Moro.

O termo "jabuti" é utilizado para se referir à adulteração de projetos enviados ao Parlamento por meio de acréscimos estranhos ao seu teor original, conforme as conveniências de políticos inescrupulosos. À época, mesmo com parecer técnico da área jurídica do Ministério da Justiça pedindo explicitamente o veto do artigo 316, o presidente Bolsonaro sancionou o projeto com "jabuti" e tudo.

A decisão de soltar um criminoso internacional de altíssima periculosidade, já duas vezes condenado em segunda instância, teve o condão de despertar a indignação da sociedade. O presidente do STF Luiz Fux, em caráter excepcional, suspendeu a liminar de Marco Aurélio, levando em seguida o caso para análise do colegiado, que referendou a decisão do ministro-presidente por um placar de 9 a 1, mantendo assim a ordem de prisão do bandido, já foragido.

A credibilidade das instituições é imprescindível à democracia. Lamentavelmente, enquanto a atitude de Fux evitava que a imagem do STF ficasse ainda mais desgastada, no Congresso Nacional desdobrava-se outro escândalo: a Operação Desvid-19, que investiga desvio de quase R$ 20 milhões destinados ao combate à pandemia, chegava ao vice-líder do governo no Senado, Chico Rodrigues, que, pego em flagrante, tentou esconder R$ 33 mil na cueca e entre as nádegas.

O senador que protagonizou cena tão vexatória é amigo do presidente; tão amigo que Bolsonaro já disse ter com ele “quase uma união estável”; tão amigo que tinha um primo dos filhos do presidente como assessor. Embora o flagrante tenha estremecido a relação e Bolsonaro tenha tirado o amigo da vice-liderança, permanece estável a união do presidente com o Centrão, setor político fisiológico repleto de parlamentares investigados por corrupção.

# É UMA POLÍTICA BAIXA E VULGAR

*O Povo, 24 de outubro de 2020*

Entende-se que o político, devendo oferecer aos cidadãos a possibilidade de avaliar um programa, um conjunto de ideias, deveria pautar a sua campanha por esse viés. O mais comum, porém, é o desrespeito ao eleitor, que se torna espectador ou torcedor de uma briga de egos na qual os candidatos testam o limite da civilidade. Os interesses eleitoreiros também sobrepujam o que seria de interesse social e os candidatos fazem qualquer coisa para manipular a sua base e atingir bons índices de popularidade, nem que para isso tenham que jogar com a segurança e a saúde pública, nem que esse jogo custe a vida ou o trabalho de alguns.

A Covid-19, que poderia ter tido o efeito salutar de despertar os políticos para a sua alta responsabilidade em tal contexto de crise, acabou explicitando o esgoto moral no qual a maioria desses tipos habita. Do uso politiqueiro do debate sobre os métodos de combate à pandemia, aos desvios milionários das verbas destinadas a esse fim, seja no âmbito municipal, estadual ou federal, os representantes do povo só se destacaram mesmo pela falta de nobreza. Falo de nobreza de caráter, de altivez moral, da dignidade que impede o servilismo, a adulação ou a bajulação de poderosos. Falo do que faz falta na política: consciências que não se vendem, homens de virtude, homens de bem.

Desde os absurdos fundos eleitorais e partidários, passando pelos gastos milionários de empresários que financiam tal ou qual político com a intenção óbvia de vantagens futuras, o que funciona, de fato, é um mecanismo cheio de engrenagens que sustentam uma democracia de fachada que atrai pessoas ambiciosas e afugenta as de boa índole. O interesse em cargos, em licitações, em verbas parlamentares, em benesses, além do anseio patológico pelo exercício do poder é o que tem movido a nossa política.

É uma política baixa e vulgar, dominada pelo conflito de interesses. Esquerda e direita enquanto polos ideológicos contrários se retroalimentam, aumentando a animosidade entre os que se tribalizam por amar ou odiar políticos que só agem de acordo com a própria conveniência, com um cálculo meramente pragmático que só considera os números relativos às intenções de voto nas próximas eleições ou à quantidade de cédulas que, se pegos de surpresa, terão que esconder na cueca.

# VACINA E POLÍTICA

*Folha de S. Paulo, 25 de outubro de 2020*

O que pode o Estado? Dar uma resposta a essa questão a partir da reflexão sobre a passagem de uma condição de natureza para uma condição civil é marca dos pensadores contratualistas. Citemos dois. Para Thomas Hobbes, é o medo da morte e a necessidade de proteção contra ela que fundamentam a referida passagem, e a eficácia do Estado depende da submissão absoluta do indivíduo, que abandona os seus direitos e aliena a sua liberdade em troca de proteção. Já para John Locke, apenas o direito de fazer justiça com as próprias mãos é abandonado, conservando-se o direito à vida, à liberdade e à propriedade.

Locke é o pai do liberalismo; Hobbes foi o teórico do *Leviatã*. Pandemia, mortes, medos, máscaras, vacinação: tudo isso passa pelo debate sobre segurança e liberdade, sobre Estado e indivíduo. Mas o debate foi trocado pela briga de egos e pela pequenez de quem só se move visando o ganho de capital político.

As incompetências e os crimes que causaram o agravamento da pandemia no Brasil estão espalhados, mas a briga entre o presidente Jair Bolsonaro e o governador João Doria em torno da vacina contra a Covid-19 atingiu o auge da irresponsabilidade. Fazer alarde contra vacinação e desautorizar o ministro da Saúde, em iniciativa correta em relação à compra de uma vacina que pode ser promissora, não é a atitude que se espera de um presidente; alardear vacinação compulsória não é o que se espera de um governador.

Não importa se a vacina é chinesa, importa que seja segura e eficaz. Se for capaz de debelar a epidemia, a Coronavac deve ser adquirida e distribuída no SUS, ainda que por determinação judicial; ela ou qualquer outra que aparecer e que tenha comprovadas segurança e eficácia. Por outro lado, estabelecer açodadamente vacinação obrigatória é imprudente e tentar vacinar "na marra" seria desastroso.

É necessário bom senso, mas o caminho da racionalidade e da prudência foi obstaculizado pelo fanatismo obscurantista e pela demagogia oportunista.

# A CONSTITUINTE DO CENTRÃO

*Folha de S. Paulo, 1 de novembro de 2020*

Em uma de suas frases acerbas a respeito da nossa Carta de 1988, Roberto Campos a descreve como "saudavelmente libertária no político, cruelmente liberticida no econômico, comoventemente utópica no social". Essa é, de modo geral, a visão liberal acerca da atual Constituição. Reavaliá-la deve estar no horizonte político, e o Congresso guarda poder para modificá-la através de emendas.

Embora seja possível uma nova Constituinte, ela configura uma ruptura com a ordem em vigor e normalmente resulta de lutas sociais, revoluções ou golpes de Estado. Pode resultar também de um descarado oportunismo político, como é o caso do projeto que o líder do governo, Ricardo Barros, pretende submeter ao Congresso no sentido de viabilizar um plebiscito para uma nova Constituinte. Felizmente a proposta está sendo amplamente repudiada.

Tentando evitar desgastes ao governo, o general Mourão disse que a ideia de Barros foi um "voo solo". Não convence. O líder de Bolsonaro é um dos ases do fisiologismo político e sempre vai por onde sopra o vento coletivo do Centrão. Em seguida, veio o próprio Barros dizer que errou "em não consultar o governo antes". Convence menos ainda. Até porque ele continua a tocar o projeto sem nenhum óbice por parte do presidente.

O interesse da Constituinte disparatada é a impunidade. A questão crucial dos políticos fisiológicos que controlam o Congresso é impedir que políticos corruptos sejam investigados e presos: "estancar a sangria", como revelou lá atrás Romero Jucá.

A construção da impunidade dos grandes, coisa que chamam de "governabilidade", é a razão de ser do Centrão, tão bem representado pelo líder Ricardo Barros. Tal estratégia é uma questão de sobrevivência, pois o Centrão abriga uma variada gama de políticos sob investigação judicial, denunciados, réus e alguns presos.

Mas eles nem precisavam se arriscar em uma proposta tão ousada quando a impunidade já vai indo tão bem na atual conjuntura política.

# POLÍTICA, REDES SOCIAIS E TRIBALISMO

*O Povo, 7 de novembro de 2020*

O debate público, no seu aspecto mais caricato, chegou ao ponto inusitado em que reacionários e progressistas se tocam, sem se darem conta de que reproduzem pateticamente as atitudes de radicalismo e intolerância que atribuem ao outro. Políticos profissionais, militantes políticos e jornalistas militantes sustentam nas redes sociais as arengas ideológicas que nutrem uma nefasta política.

O confronto entre ideias divergentes é profícuo, desde que o debate se dê no âmbito saudável de uma contenda respeitosa e desde que se busque o consenso, ou que se aceite o dissenso sem intolerância. O que não deve acontecer – mas acontece – é a brutalização do discurso, que passa a ser usado como recurso ofensivo e belicoso.

A política, em um regime democrático, é o âmbito próprio da argumentação, da persuasão, da dissolução de conflitos pelo uso da palavra e não da criação de conflitos por meio dela. Quando o discurso se torna uma arma, uma maneira de aniquilar o adversário político com grosserias e infâmias, já não se trata de um debate, mas de testemunho de falta de educação e de empatia.

No âmbito doméstico, o mau uso da linguagem é grosseria. No âmbito público, a grosseria torna-se desserviço social, irresponsabilidade, tribalismo, selvageria. Mesmo aqueles incapazes de abstrações, de reflexões profundas, têm o direito de se expressar. Aliás, até os brutos o têm. Ocorre que, quando o boçal faz mau uso da palavra na política, atrai para a política os seus semelhantes e potencializa a estupidez que hoje grassa entre aqueles que detêm o poder.

Se o aspecto político de uma sociedade é reflexo da sua cultura, precisamos começar a arrumar a casa. Antes de consertar telhados é preciso recuperar os alicerces. Um povo sem vocabulário decente e sem capacidade mínima de argumentação e de equilíbrio emocional diante das contendas ideológicas é facilmente manipulável e tendente à fascinação. O primeiro passo para melhorar a política é melhorar o diálogo.

Se hoje as redes sociais funcionam como uma espécie de nova ágora, tiremos delas o melhor proveito possível, evitando usá-las como palco de vulgaridades, tribunais inquisitoriais ou fogueiras virtuais nas quais ardem reputações sob os olhares inflamados dos que não souberam domesticar seus demônios interiores.

# COMO AS DEMOCRACIAS SOBREVIVEM

*Folha de S. Paulo, 8 de novembro de 2020*

A importância de entender "como as democracias morrem" é cuidar para que sobrevivam. Elas podem morrer por processos violentos ou lenta degradação. Os movimentos também podem ser combinados, com a degradação abrindo espaço para processos violentos.

Alguns analistas viram no governo Trump um caminho de colapso da democracia norte-americana, que só seria restaurada com sua derrota na tentativa de reeleição. Todavia, Trump, apesar do seu acentuado personalismo e índole bravateira, não colocou em risco a democracia americana, que se mantém firme justamente por se sobrepor às idiossincrasias dos eventuais governantes. Pode haver conturbações mais ou menos graves devido à sua teimosia em relação ao resultado eleitoral? Pode. Porém, uma das características da democracia é suportar e superar convulsões, administrando os conflitos. Isto até certo limite, claro.

Há, no entanto, uma forma de degradação da democracia que tem avançado principalmente em países europeus: a covardia diante do fundamentalismo islâmico. Os recorrentes ataques terroristas a várias democracias europeias têm sido enfrentados com indignação ruidosa inicial e reação descontinuada em que se vai transigindo e capitulando gradativamente. O mais das vezes, a tibieza de alguns governantes é estimulada pela intelectualidade progressista em inumeráveis ensaios e artigos.

Por ocasião do assassinato do professor Samuel Paty em Paris e, em seguida, de três pessoas em Nice, o presidente da França, Emmanuel Macron, além de ordenar a ação pontual que matou alguns terroristas e prendeu outros, usou finalmente uma linguagem dura contra os islamitas. Pois houve quem preferisse relativizar o terror para repudiar a linguagem de Macron, que teria sido abusiva, melindrando cidadãos muçulmanos.

Essa covarde e demagógica retórica tem dado ensejo à retórica radical que se lhe opõe. Muitos intelectuais são responsáveis pela ascensão da extrema direita que repudiam.

# A POLÍTICA DA BOÇALIDADE

*Folha de S. Paulo, 15 de novembro de 2020*

A pólvora de Jair Bolsonaro pode não ser suficiente para vencer uma guerra contra os Estados Unidos, mas tem bastado para conturbar o Brasil. Essa pólvora é a palavra irrefletida, imprudente e irresponsável, que tem ido desde o ridículo até ao crime de responsabilidade, passando sempre pelo deboche e pela boçalidade.

A linguagem desmedida e belicosa é própria de politiqueiros, que submetem tudo aos seus interesses imediatos e a seus projetos de poder. Não é, pois, exclusividade do presidente. Ciro Gomes, por exemplo, um dos maiores críticos da verborragia insana de Bolsonaro é tão destemperado quanto ele.

No clima de intensa tensão, polarização e intolerância que se instalou no Brasil, tornou-se comum o ato irresponsável de acusar qualquer adversário político de "comunista" ou "fascista", esvaziando o sentido dessas designações ideológicas, que passam a ser usadas como meros insultos.

Ciro já cometeu reiteradas vezes essa irresponsabilidade, e o fez de novo ao reagir à notícia de que o ex-ministro da Justiça Sergio Moro estaria conversando com o apresentador Luciano Huck no sentido de viabilizar uma candidatura de centro à Presidência. Moro é um "cara de extrema direita", que "se veste como os fascistas italianos da década de 1930"; "Moro é fascista" e "um grande malandro", afirmou Ciro.

Sergio Moro, obviamente, não é fascista, mas é da conveniência política do eterno presidenciável tentar desqualificar um potencial adversário na disputa de 2022. Moro tampouco é de "extrema direita", mas é da conveniência política de Ciro tentar afastá-lo para esse espectro político.

Movido, pois, por conveniências políticas, mas também por iras incontroláveis de uma natureza atrabiliária, Ciro ataca qualquer um que lhe seja óbice; por isso mesmo acumula na Justiça dezenas de processos por injúria, calúnia e difamação, com algumas condenações, como no caso em que foi condenado por injúria racial contra o vereador Fernando Holiday.

# CEARÁ: ELEIÇÕES, CORRUPÇÃO E PODER

*O Povo, 21 de novembro de 2020*

Presente na política há décadas, a família de Ciro e Cid Gomes combina o viés oligárquico da política tradicional do estado com um pragmatismo sincrético que, invariavelmente, realça a habilidade de criar condições para se manter no eixo do poder por meio das mais variadas e oportunistas alianças políticas. Misturando coronelismo, populismo e altas doses de maquiavelismo, o poderoso clã sobralense amealhou nacos de poder que o coloca no controle de amplos setores da vida dos cearenses.

Em simbiose milionária com determinados grupos empresariais, influenciando por muitos anos a indicação de desembargadores, atuando com expertise nas práticas pouco republicanas da velha política e contando com a cumplicidade de muitos, os Ferreira Gomes instauraram no Ceará um esquema político gigantesco que atropela qualquer esboço de reação, criando uma situação de quase invulnerabilidade desse grupo que está no poder.

É a manutenção ou o começo do desmanche desse mecanismo que está em jogo na atual disputa pela prefeitura de Fortaleza. Temos, de um lado, Sarto, o candidato da "máquina" ou, mais especificamente, o candidato do Ciro; e, do outro lado, Capitão Wagner, em quem os adversários tentam colar a pecha de candidato do bolsonarismo, mas que, na verdade, é o candidato daqueles que querem libertar o Ceará do jugo dessa família que dita as regras no Estado em sua relação de promiscuidade com os interesses privados e projetos pessoais de poder.

A nacionalização dessa disputa é, na verdade, uma estratégia para desviar o eleitor dos inúmeros escândalos que já vieram à tona e que envolvem diretamente o condomínio político que manda no estado (PDT, PT e asseclas): há investigações em curso sobre desvio de verbas públicas na construção do hospital de campanha instalado no PV, sobre compra, com aval do governador, de 300 respiradores que nunca apareceram, sobre propina de 25 milhões em troca de liberação de ICMS, além de um áudio no qual o deputado Bruno Gonçalves negocia por dois milhões e meio, em nome de Roberto Cláudio, a compra de parte da sua base partidária.

O governador Camilo Santana e o prefeito Roberto Claudio têm perfil afável, mas são peças chave na engrenagem do gigantesco mecanismo, enquanto Sarto é apenas o homem de confiança para operá-lo.

# CORRETAMENTE POLÍTICO

*Folha de S. Paulo, 29 de novembro de 2020*

Desde a ágora ateniense, com os cidadãos construindo seus consensos e suas leis, abre-se o caminho, muitas vezes tortuosos, da democracia – regime no qual as leis promulgadas preservam a liberdade de cada um, limitando-a até a extensão em que atinge a liberdade do outro – funcionando, nesse sentido, como defesa contra tiranias. Política, no seu sentido original, em grego, é a virtude aplicada às questões do bem comum, às questões da *polis*, a cidade-Estado. O agir político é, em si, o agir correto.

Para Aristóteles, a excelência política depende da *phronesis*, a prudência, virtude próxima do bom senso. Na linha aristotélica da virtude como mediania entre dois extremos viciosos, cabe à prudência afastar os vícios.

Os extremismos de esquerda e de direita que fizeram a desgraça do mundo no século XX foram extremismos declarados. Neste século, porém, um extremismo camuflado vem tentando se impor sob a denominação de "politicamente correto".

Os agentes do politicamente correto se julgam e se declaram como representantes progressistas do bem em confronto com as entidades atrasadas do mal. Nesse embate, porém, ultrapassam, muitas vezes, os limites do bom senso, descambando para o ridículo, como é o caso da tentativa de aplicar a neutralidade de gênero à gramática.

Começar uma carta oficial da escola com "Querides alunes" pode ser só mais uma forma de aleijar a já maltratada Língua Portuguesa, mas o que hoje desprezamos por ridículo amanhã poderá ser nossa escravidão. O uso da linguagem como método de dominação das mentes não é novidade e já foi descrito no livro *1984*, de George Orwell.

Por outro lado, a antipatia que o politicamente correto desperta em amplos setores impulsiona uma reação extremista de viés contrário, e nessa falta de bom senso e de prudência patinamos, oscilando entre discursos revolucionários e reacionários, com o pêndulo distante do equilíbrio de um discurso correto.

# CEARÁ: TREVAS NA TERRA DA LUZ

*O Povo, 5 de dezembro de 2020*

O Ceará é terra abençoada, de tradições e belezas; é remanso para quem busca suas belas praias. O turismo, a cultura, os traços citadinos que mesclam a velha e a nova arquitetura dão encanto particular à terra de José de Alencar, Farias Brito, Dragão do Mar, Raquel de Queiroz, Bezerra de Menezes e outros. O encanto natural da terra da luz contrasta, porém, com as trevas da miséria, da prostituição, da desigualdade social, do esgoto a céu aberto, dos escândalos de corrupção, dos esqueletos de obras inacabadas, dos pacientes amontoados em corredores de hospitais, do tráfico de drogas, do crime organizado, dos homicídios e do terror imposto pelas facções criminosas.

Não há que se negar a boa vontade de alguns nem generalizar as críticas, mas se o estado é governado há tempos pelo mesmo grupo político e as mazelas sociais recrudescem ao invés de arrefecerem, então os governantes devem ser responsabilizados pela perpetuação desse estado de coisas, assim como são corresponsáveis os que contribuem com o *status quo* por serem, de algum modo, beneficiados pelo aparelhamento da prefeitura e do Estado.

Nesse segundo turno das eleições municipais, testemunhamos no Ceará um vale tudo por parte dos donos do poder, que transformaram o estado e a capital em seu curral eleitoral. A máquina do Estado e da prefeitura de Fortaleza foi usada descaradamente para beneficiar o candidato Sarto. Houve compra de apoio de partidos, contratação com dinheiro público de centenas de cabos eleitorais, cooptação de servidores para a campanha, troca de cargos por votos, pesquisas fraudulentas, etc.

Sobre esse mesmo grupo político pesam as suspeitas de desvios de recursos no caso do hospital do PV, dos respiradores superfaturados e das licitações fraudulentas do caso Adail Carneiro. Essa semana, a PF deflagrou uma operação com busca e apreensão na casa do ex-chefe da Casa Civil e atual secretário de Turismo do Estado. Operação essa que investiga conluio entre servidores e empresários em esquema de R$ 600 milhões obtidos por meio de fraude no crédito consignado em folha dos servidores estaduais.

Na capital, o capitão Wagner travou batalha heroica contra esse grupo. Não foi vitorioso, mas a oposição saiu fortalecida. Metade de Fortaleza já deu seu grito de libertação.

# SUPREMO CAOS

*Folha de S. Paulo, 6 de dezembro de 2020*

O Estado de direito é um governo de leis e não de homens. A Constituição existe para evitar o voluntarismo na aplicação das leis. Se a Constituição Federal não valer nada, em que se sustentará a ordem democrática? Neste escandaloso caso de reeleição nas casas do Congresso Nacional, os ministros do Supremo Tribunal Federal que já votaram contra a letra da Constituição cometeram crime de responsabilidade.

É possível – e é preciso que a sociedade assim clame e exija – que os ministros que ainda não votaram não venham a consumar mais este abuso de poder iniciado com o voto indecoroso do ministro Gilmar Mendes. Se o STF consumar tal crime de lesa democracia, estará se desconstituindo; não valerá mais nada, porque terá feito tábula rasa da Constituição que tinha a obrigação de defender.

Muito já se insistiu na clareza do parágrafo 4 do artigo 57 da CF, que não dá margem a malabarismos exegéticos oportunistas ao proibir expressamente a recondução dos presidentes da Câmara e do Senado para o mesmo cargo na eleição imediatamente subsequente. Não é, pois, caso de interpretação, mas de obediência. Se os guardiões da Constituição não a cumprem, que instância haverá de lhes impor a lei para que não reinem como déspotas?

Esse papel caberia ao Senado, que tem a prerrogativa de destituir ministros através de processo de impeachment. Mas, ao que tudo indica, o que está ocorrendo no STF responde a uma demanda do próprio presidente do Senado, Davi Alcolumbre que, especula-se, articulou-se com alguns ministros do Supremo para garantir sua reeleição oferecendo como moeda de troca o óbice de qualquer processo de impeachment contra esses mesmos ministros, segurando também a chamada CPI da Lava Toga.

O Supremo Tribunal Federal, como instância maior do Poder Judiciário, deveria ser instrumento institucional de ordem social e política. O exercício deste mister requer, porém, alto grau de credibilidade. Desacreditando-se, terá instituído o caos.

# CENTRÃO ACIMA DE TUDO, FLÁVIO ACIMA DE TODOS

*Folha de S. Paulo, 13 de dezembro de 2020*

O envolvimento de Bolsonaro na campanha de Arthur Lira (líder do Centrão e réu por corrupção) para a presidência da Câmara Federal é grande. Tão grande quanto o preço com que a sua eleição está sendo negociada. Para eleger o candidato que coleciona processos judiciais e denúncias, que vão de violência doméstica à cobrança de propina, passando por operação de "rachadinha", a máquina governista trabalha a todo vapor, oferecendo liberação bilionária de emendas parlamentares e generosa distribuição de cargos, com promessa de descartar alguns ministros para acomodar nomes do Centrão.

Como a ideologia fraqueja diante das infindáveis benesses que o poder proporciona, até parte da esquerda flerta com o candidato de Bolsonaro, que procurou José Dirceu e se dispôs a procurar Lula prometendo, em troca do apoio do PT, pautar a criação de um novo imposto sindical, revisar a Lei da Ficha Limpa e combater o "lavajatismo". Tudo em acordo tácito com o presidente, cuja preocupação maior tem sido evitar o seu impeachment e blindar o filho Flávio, duas coisas que se complicaram após a denúncia de que integrantes da cúpula da Abin produziram relatórios com orientações de como os advogados do senador deveriam proceder para que o caso Queiroz fosse anulado.

A orientação visava sustentar a narrativa de supostas irregularidades na obtenção dos dados de Flávio a fim de invalidar as provas contra ele. Com o objetivo de "defender FB no caso Alerj", o relatório traça linha de ação que passa por acessar dados da Receita e demitir servidores do Fisco e da Controladoria-Geral da União (CGU) que fossem um obstáculo a isso.

À frente da Abin está Alexandre Ramagem, cuja tentativa de indicação para o comando da PF (frustrada pelo STF) foi o pivô da saída de Sérgio Moro do governo. Comprova-se, portanto, o que Moro denunciou ao sair: a interferência de Bolsonaro nas instituições com o objetivo de proteger o seu filho das investigações de que é alvo.

# O CENTRO E O CENTRÃO

*Folha de S. Paulo, 20 de dezembro de 2020*

Em relação às recentes eleições municipais, afirmou-se o centro como vitorioso, gerando-se a expectativa de que essa tendência de fuga dos extremos se mantenha em 2022.

Não é difícil constatarmos, no momento político brasileiro, alguns fenômenos abordados por Norberto Bobbio no livro *Direita e Esquerda: razões e significados de uma distinção política.* Essa fuga dos extremos de que falamos, por exemplo, pode ter resultado do seguinte movimento: o extremismo de esquerda deslocou a esquerda mais para a direita, e o extremismo de direita deslocou a direita mais para a esquerda.

Extremistas, porém, raramente se reconhecem como tais, mas acusam quem está mais ao centro de pertencer ao extremo oposto do seu espectro político. Isso explica que eu seja ora xingada de direitista por leitores dessa *Folha*, ora de esquerdista nas redes sociais. O radical de esquerda, explica Bobbio, tende a considerar o centro uma direita camuflada, enquanto o radical de direita tende a considerar o mesmo centro o disfarce de uma esquerda que não deseja declarar-se como tal. Eles desprezam o centro como indecisão entre dois campos de luta em que um deles deteria, necessariamente, a verdade e a razão.

Na democracia, porém, os campos políticos opostos alternam-se no poder pacificamente, em disputas constitucionalmente reguladas. Os extremistas utilizam-se do jogo democrático, mas estão permanentemente dispostos a desprezá-lo, pois o entendem apenas como meio para um determinado fim. É preciso, pois, que o centro possa garantir, contra tais extremos, o meio em questão.

Esse centro, porém, que age com base em princípios e em defesa da democracia é, obviamente, distinto do tal "Centrão", um agrupamento político fisiológico que joga com as cartas mais viciadas, afundando o país na mediocridade e na abjeção. A democracia se constrói com prudência, bom senso e moderação (que os extremistas abominam); mas também com probidade e decência (que o Centrão desconhece).

# A SUJEIRA DE KASSIO NUNES

*Folha de S. Paulo, 27 de dezembro de 2020*

Atendendo a pedido do PDT, o ministro Kassio Nunes concedeu uma liminar que desfigura a Lei da Ficha Limpa, permitindo que criminosos retornem mais rápido à vida pública, que fichas sujas com registro *sub judice* assumam cargos de vereador ou prefeito e que alguns dos primeiros condenados da Lava Jato possam disputar as próximas eleições municipais. Essa decisão espúria teve o aval do presidente Bolsonaro, que mostrou, aliás, comovente preocupação com os dissabores dos incompreendidos políticos ficha suja. Segundo Bolsonaro, "o pessoal fica na maldade", reclamando porque não sabe como é a vida de um político.

O ministro Kassio Nunes foi indicado ao STF por causa da sua ficha de juiz garantista, anti-Lava Jato. Na sua ficha constavam também coisas como plágio de dissertação e falsificação de títulos, mas os senadores que o aprovaram após sabatina de comadres acharam o fato irrelevante. Relevante seria a sua subserviência ao presidente da República, em conformidade com o pacto de interesses e proteção mútua entre os Três Poderes no qual os defensores da impunidade amarraram o país, transformando o Brasil em uma República de conveniências.

O ministro Kassio já proferiu outros votos bizarros para bem servir ao acordão da impunidade. No julgamento que poderia ter permitido aos presidentes da Câmara e do Senado uma reeleição inconstitucional, seu voto se sobressaiu pelo absoluto alinhamento aos interesses de Bolsonaro: votou para garantir a reeleição de Davi Alcolumbre e impedir a de Rodrigo Maia.

Sua atuação expõe também o fenômeno do Bolsopetismo: alinhado com Gilmar Mendes e Lewandowski, Kassio Nunes beneficiou Lula ao manter decisão que exclui a delação de Palocci em um dos processos contra o ex-presidente.

Como nada é tão ruim que não possa piorar, Bolsonaro, referindo-se a Kassio Nunes e à próxima indicação presidencial ao STF, antecipou, em *live*: "O outro que eu vou indicar é o padrão dele. Pode ter certeza disso".

# ILUSÕES PERDIDAS

*O Povo, 2 de janeiro de 2021*

Com esse artigo encerro minha participação no jornal *O Povo*. Ao mesmo tempo em que me despeço e agradeço ao jornal e aos leitores, explico a escolha do título não tão otimista para um texto que, embora encerre minha participação, é o primeiro que publico esse ano.

*Ilusões perdidas* é o nome de um romance de Balzac, que faz parte da sua obra maior chamada "A comédia humana". Embora eu tenha lido esse livro há muito tempo – tempo em que mal sabia formular as ilusões que fatalmente perderia – não pude evitar que o sugestivo título se impusesse ao escrever essa singela despedida.

O livro narra a história de um jovem provinciano que sonha fazer sucesso como poeta na capital, deparando-se, ao chegar em Paris, com os altos e baixos de uma fama conquistada em um meio no qual tudo tem um preço: desde a folha de papel na qual escreve, até as posições políticas defendidas. Mas não me comparo ao protagonista (jovem ambicioso e oportunista), nem com o conteúdo da trama, que já não lembro bem; fico com o título e com a desilusão de fundo, que, por ora, foco mais no aspecto político do que cultural.

Não há democracia: desilusão geral. No Ceará é que não há democracia mesmo: desilusão específica. O reduzido espaço não permite que eu fundamente o despertar desse sono inocente, mas remeto à leitura comparativa entre meus textos conceituais e factuais, abstratos e concretos, aqueles em que defino a política e a democracia e aqueles em que denuncio as práticas dentro de um regime político supostamente democrático.

"O povo sofre", diz o político. Diz, mas não sente. O estar retoricamente ao lado do povo basta para lhe anestesiar a consciência moral, deixá-lo gozar em paz das benesses que o poder proporciona e ainda se julgar bom, por bem gozá-las. O que fez do que prometeu? O que acrescentou de dignidade ao cargo que ocupa? Que mudança promoveu além do seu próprio *status*, tornando seu círculo de influência tanto mais amplo quanto mais cargos (pagos por nós) ele tem para dispor?

— "Sim! É isso mesmo...Precisamos mudar!" — Diz o leitor entusiasmado, e digo eu mesma, trocando a lucidez pela ilusão (ou esperança). Como se eu e o leitor não fôssemos meros peões lançados ao centro do tabuleiro para serem engolidos de qualquer forma; quer vençam as brancas, quer vençam as pretas.

# ABORTO: OPÇÃO PELA MORTE

*Folha de S. Paulo, 3 de janeiro de 2021*

A gravidez indesejada põe a mulher em uma condição de extremo conflito, em uma situação limite. A questão que se coloca é se, nesse caso, a mulher está totalmente livre para decidir se o feto deve viver ou morrer. Nós entendemos que há limites ético-morais de primeira ordem quanto a esta decisão, pois está em jogo o bem maior, que é a vida. Não se trata apenas do corpo da mulher.

Para muitas feministas o aborto não é mais sequer uma questão difícil ou um dilema moral; tornou-se uma bandeira tremulante. A recente legalização do aborto na Argentina foi destacada por quase toda a mídia e por quase todos os partidos de esquerda como uma decisão formidável. A militância comemorou e a mídia progressista enalteceu o direito de matar como uma conquista, numa demonstração assustadora da inversão de valores promovida pelo materialismo mais deletério.

Felizmente, há exceções na esquerda quanto a essa bandeira. Norberto Bobbio, por exemplo, aponta quão paradoxal é a posição esquerdista frente a essa polêmica: "O problema mais embaraçoso é o do aborto", afirma Bobbio no livro *Direita e Esquerda – Razões e Significados de uma Distinção Política*:

"Geralmente a refutação do aborto faz parte dos programas políticos da direita. A esquerda é preponderantemente abortista. Fizeram-me observar que esta posição parece contrastar uma das definições mais comuns da esquerda, segundo a qual ser de esquerda significa estar do lado dos mais fracos. Na relação entre a mãe e o nascituro quem é o mais fraco? Não seria o segundo?"

Temos tentado apontar para um ponto de equilíbrio capaz de reunir o que há de melhor na esquerda e na direita. A defesa do aborto, porém, é o que pode haver de pior em qualquer ideologia, doutrina ou programa partidário.

Legalizar o aborto não é progresso: é sintoma de decadência moral; é involução civilizatória.

# TRUMP: A INSANIDADE POPULISTA

*Folha de S. Paulo, 10 de janeiro de 2021*

O Capitólio foi invadido por americanos tomados de furor fanático, o que mostra o estrago causado pelos inimigos internos das democracias, subjugadas em seus próprios territórios por extremismos ideológicos que se tocam e se correspondem na presunção de verdade e na intolerância que vê na sua visão de mundo a única digna de ser defendida, esquecendo-se que a virtude das democracias liberais é o triunfo do pluralismo de ideias e da busca do consenso por argumentação; não por violência ou intimidação.

A aventura autoritária insuflada por Trump não se deveu ao fato de ser ele um político de direita. À direita ou à esquerda, os governantes, quando imbuídos de algum zelo democrático, permitem a alternância de poder sem sabotá-la com narrativas fantasiosas que incitam ódio e revolta. A atitude de Trump deveu-se, antes, a uma loucura ambidestra: o desvario do poder. Tomado por essa loucura, o líder populista constrói narrativas conspiratórias e, sustentado pela massa, vai com ela até onde der.

Após conclamar seus apoiadores para o protesto e incitá-los a avançar sobre o Capitólio – instrumento e símbolo da democracia americana –, o presidente os abandonou e atacou covardemente, declarando que não representavam o país. Essa é uma lição que deveria ficar para todos os tipos de fanáticos: seus chefes idolatrados não hesitam em sacrificá-los.

Os EUA vencerão a insanidade populista, pois a história tem demonstrado o vigor de suas instituições. Aquele inimigo interno, porém, que se beneficia da sociedade livre e plural enquanto constrói narrativas para derrotá-la, está à espreita. O futuro do mundo livre dependerá cada vez mais de um entendimento na diversidade – *E Pluribus Unum* –, de uma política de dissolução de conflitos capaz de congregar as forças mais diversas no intuito de construir uma sociedade mais justa.

O que se entende por isso não é consensual, mas é algo que possui pontos comuns entre os dotados de boa-fé e boa vontade.

# GUERRA IDEOLÓGICA NÃO VENCE VÍRUS

*Folha de S. Paulo, 17 de janeiro de 2021*

O Brasil tem enfrentado um problema cultural, cujo reflexo político é mais evidente que sua origem. Carente de uma visão de mundo coerente pela qual analisar a realidade, envolta nos problemas do dia a dia e indisposta em relação àqueles que tentam oferecer qualquer reflexão ou análise que mostre os contornos nuançados do real, a maioria se contenta com discursos fáceis, eivados de chavões, rótulos e visões reducionistas de fatos e pessoas, apropriando-se rapidamente da retórica belicosa que entra em ressonância com as forças obscuras que nos colocam em confronto como se o outro fosse um inimigo, não o próximo. É assim que narrativas à esquerda e à direita vão transformando o mundo social e digital em uma poça de lama de ideias preconceituosas e violentas.

O reordenamento do psiquismo social depende da busca de visões de mundo que ultrapassem o imediatismo das arengas das redes sociais. O estar consciente de si pressupõe a capacidade de dar conta dos fundamentos da visão política que se apregoa e de combater e refutar ideias sem destruir reputações ou alvejar pessoas.

O cultivo intelectual deve atingir a esfera moral, tornando-nos mais dóceis ao outro, cuja visão de mundo, embora divergente, se bem exposta, pode nos ajudar a reconhecer os limites de nossas próprias concepções. Não há verdades a serem impostas de modo dogmático em torno das questões sociais e políticas, pois o escopo político e social é o horizonte do debate por excelência. O projeto de cada um, em se tornando compatível com o projeto do próximo, engrandece a sociedade, e é nisso que consiste o pluralismo saudável que defendemos.

Vivemos um momento grave, que toca a cada um como ser humano; como irmãos que somos. A guerra ideológica não logrará êxito contra a pandemia, mas a reunião de corações solidários sim. Cobremos dos políticos; mas cobremos também de nós mesmos para que nossas atitudes não potencializem o caos no qual a inépcia deles nos deixou.

# DIREITA SEM BOLSONARO

*Folha de S. Paulo, 24 de janeiro de 2021*

O campo liberal-conservador engajou-se outrora na campanha pelo impeachment de uma presidente de esquerda. Agora, não faltam razões para se posicionar contra um presidente de direita que fez retroceder as pautas anticorrupção e que – em momento de clamor nacional devido à pandemia – após ter demitido dois ministros da Saúde que não se curvaram às suas idiossincrasias, ocupa-se em questionar a eficácia das vacinas, atrasar sua compra, reforçar narrativas conspiratórias que põem em xeque as instituições, alimentar a histeria nas redes sociais e bajular com oferta de cargos a ala fisiológica e podre da política (o tal do *establishment* que prometeu combater).

Ainda pior que Bolsonaro é o bolsonarismo, ideologia que, à semelhança do lulismo, mantém-se com base no culto à personalidade do líder. Esse fanatismo bizarro – que foi a estranha resposta dos brasileiros à hipocrisia da esquerda, aos excessos do progressismo e à avassaladora corrupção da era petista – tem se expressado pela incivilidade, boçalidade, selvageria e intolerância.

Os liberais e os conservadores precisam se afastar dessa ideologia malsã e avançar pelo caminho da racionalidade que exige o respeito às instituições e a preservação da saúde coletiva, ameaçada pela incúria presidencial. Caso contrário, a centro-direita deixará a esquerda oportunista confortável na prática da sua política nebulosa, que levanta a bandeira do impeachment ao mesmo tempo em que PT e PDT fazem o jogo de Bolsonaro, apoiando seu candidato a presidente do Senado.

Felizmente, cresce o engajamento nesse sentido, como se pode notar pelo abaixo-assinado lançado por João Amoêdo, Vem pra Rua e MBL e pela carreata realizada domingo (24), em prol do impeachment. É lamentável, porém, que nomes respeitáveis, fortes e promissores do espectro político mais à direita permaneçam reticentes. A direita liberal humanista não pode restar ao lado de Bolsonaro com os sectários de sempre e os cúmplices de ocasião.

# ELEIÇÕES E COOPTAÇÃO DO CONGRESSO

*Folha de S. Paulo, 1 de fevereiro de 2021*

O presidente da República não tem disfarçado o indecoroso empenho em favor dos seus candidatos a presidente da Câmara (Arthur Lira) e do Senado (Rodrigo Pacheco), chegando até a invocar o nome de Deus para ajudá-lo na flagrante indecência de eleger, à custa de liberação de verbas bilionárias, quem esteja disposto a se subordinar. Nas eleições desta segunda-feira ver-se-á até onde o Congresso está disposto a ir na cumplicidade com um projeto autoritário.

Na Câmara, apesar de todas as negociatas que sustentam o favoritismo do candidato de Bolsonaro, que é réu por corrupção, há chance de a disputa ir para o segundo turno. No Senado, o quadro é mais difícil, desolador. Lá, de forma oportunista e desavergonhada, quase toda a esquerda – PT, PDT, Rede – uniu-se a Bolsonaro em favor do candidato chapa-branca, e o MDB, que havia lançado a candidatura de Simone Tebet, acovardou-se e resolveu rifá-la.

Bolsonaro tenta sujeitar o Congresso não apenas para barrar um processo de impeachment, mas também para viabilizar um projeto autocrático, aprofundando a erosão democrática já iniciada com as interferências indevidas na PF, na Receita, no Coaf...; e ainda a utilização para fins privados de órgãos como a Abin.

Na Procuradoria-Geral da República, ele já colocou um cavalo de Troia. O atual PGR, lembremos, vem combatendo quem combate a corrupção, tendo como prioridade a destruição da força-tarefa da

Lava Jato. No STF, Bolsonaro conseguiu emplacar alguém de notório não saber jurídico – plagiário de dissertação e falsificador de títulos – mas com a virtude da gratidão e o dom de adivinhar as intenções de quem o indicou.

As candidaturas governistas no Congresso são parte da estratégia de cooptação e aparelhamento das instituições que avança sob o olhar reticente dos que advogam a tese de que um novo impeachment debilitaria a democracia. Ao contrário, o impeachment é precisamente o instrumento democrático para frear o uso leviano do poder.

# A ALTA NATA DO QUE NÃO PRESTA

*Folha de S. Paulo, 7 de fevereiro de 2021*

O mau conceito do Centrão – ajuntamento fisiológico mais descarado da política brasileira, com vários dirigentes envolvidos em corrupção – é quase unanimidade, e, por isso, falar mal dele rende votos. Na campanha de 2018, o candidato Jair Bolsonaro referiu-se a esse agrupamento político como "a alta nata de tudo o que não presta no Brasil" e disse que "essa forma de governar" (o "toma lá dá cá", o loteamento dos órgão públicos) "é que levou o Brasil a essa ineficiência e a essa corrupção não encontrada em nenhum lugar do mundo".

No mesmo ano, em convenção nacional do PSL, o general Augusto Heleno parodiou um samba, substituindo a palavra "ladrão" e cantarolando para a plateia: "se gritar pega Centrão, não fica um meu irmão...".

Águas passadas e samba velho. Agora, o Centrão foi promovido pelo governo ao centro das decisões da República. Bolsonaro não só o abraçou: tornou-se seu chefe, tendo agido com despudor no caso da disputa pela Presidência da Câmara, quando, com verbas bilionárias e oferta de cargos, comprou a eleição de Arthur Lira, um réu por corrupção.

Logo em seguida, veio outra vitória da acomodação de interesses ou do acordão da impunidade: a extinção da Lava Jato (decidida pelo PGR indicado sob encomenda para atingir esse fim). Bolsonaro entregou aos novos presidentes da Câmara e do Senado uma lista de prioridades que não contempla nada da agenda anticorrupção. Nenhuma menção à PEC da prisão em segunda instância (que, segundo o líder do governo na Câmara, foi criada "só para prender o Lula e tirá-lo da eleição").

A "nata do que não presta" está eufórica: varou a madrugada da vitória de Lira comemorando na mansão de um empresário denunciado pelo MPF e réu por fraude tributária. Convivas aglomerados esbaldaram-se em atitude indecorosa pela ostentação e despropósito em um contexto no qual a pandemia já ceifou mais de 230 mil vidas. Muitas das quais poderiam ter sido salvas não fosse a incúria das autoridades.

# CUPINS CONTRA A LAVA JATO

*Folha de S. Paulo, 14 de fevereiro de 2021*

Pelo fim de janeiro, o ministro do STF, Edson Fachin, disse que a "corrupção parece triunfar novamente como cupim da República". No início de fevereiro esse triunfo se confirmou com a extinção da força-tarefa da Lava Jato no Paraná e o recrudescimento da perseguição contra juízes e procuradores que atuaram na linha de frente da maior e mais exitosa operação de combate à corrupção da história do Brasil.

A escalada persecutória tem visado especialmente o ex-juiz Sergio Moro e o procurador Deltan Dallagnol. Os cupins em guerra contra a Lava Jato têm usado, dentre outras armas, gravações criminosas de *hackers*. O senador Renan Calheiros, por exemplo, quer mandar Moro e Dallagnol para a cadeia e quer que os *hackers* sejam não só anistiados como elevados ao panteão da pátria. Não é difícil que isso aconteça, tendo em vista o extenso acordo de conveniência em prol da impunidade que inclui representantes dos Três Poderes; além da militância lulista que ainda grassa no quarto poder.

No STF, o ministro Gilmar Mendes, falando fora dos autos, adiantou julgamentos contra a Lava Jato, insultou de forma leviana e grosseira – sem nenhum apreço pela ortodoxia jurídica ou pelo decoro ministerial – pessoas e instituições. Da força-tarefa de Curitiba disse tratar-se de "um grupo de esquadrão da morte, totalmente fora dos parâmetros legais". Ironicamente, essa fala sobre assunto em pauta para julgamento coloca o próprio ministro "totalmente fora dos parâmetros legais".

Vale salientar que a fúria do ministro Gilmar contra a Lava Jato representa uma mudança de rumo, uma curva de interesse: em 2015, esse mesmo Gilmar dizia que a Lava Jato havia revelado "o maior escândalo de corrupção no Brasil e quiçá no mundo". Talvez uma CPI da Lava Toga esclarecesse o motivo da guinada de opinião do ministro que, por seus muitos abusos, tem vários pedidos de impeachment protocolados no Senado; todos devidamente engavetados como parte do acordão da impunidade.

# STF: AUTORITARISMO CONTRA A BOÇALIDADE

*Folha de S. Paulo, 21 de fevereiro 2021*

A verborragia do deputado Daniel Silveira que deu azo ao mandado de prisão em flagrante expedido pelo ministro Alexandre de Moraes é de estarrecer pela sua vileza, violência, chulice e boçalidade. Essa boçalidade tem degradado a política brasileira, mas, convenhamos, ela não é exclusividade do deputado que serviu de boi de piranha para o Supremo mandar seu recado ao bolsonarismo.

Que a fala do deputado foi criminosa, parece consenso; todavia, a prisão em flagrante teve sua legalidade amplamente questionada no meio jurídico. O deputado se excedeu em palavras e o ministro se excedeu em ato: tentou combater a boçalidade com autoritarismo e defender o Estado de Direito corroendo seus alicerces. A punição deveria ter sido pleiteada segundo o rigor das normas constitucionais.

O STF merece muitas críticas, que podem ser feitas sem excessos criminosos. Não apenas pode ser criticado como deve ser investigado, inclusive pela, há muito proposta, CPI da Lava Toga, que está barrada no Senado pelo acordo de impunidade entre os Três Poderes. CPI essa, aliás, que sofreu ativa resistência do senador Flávio Bolsonaro.

Mesmo sendo legalmente questionável, a prisão do deputado foi referendada pela unanimidade do STF e corroborada pela Câmara. O presidente Bolsonaro, por sua vez, silenciou, como já o fizera em relação às prisões de Sara Winter e Oswaldo Eustáquio. É que a turma radical não lhe é útil nesse momento: tornou-se um ruído a perturbar a paz que uniu Planalto, ala anti-Lava Jato do STF e políticos de rabo preso que não se podem indispor com o Supremo.

Se a Câmara optou por não oferecer resistência aos arroubos autoritários dos que se julgam intocáveis, cabe agora ao Senado fazê-lo, abrindo os processos de impeachment protocolados contra ministros do Supremo e instalando a CPI da Lava Toga. Se a independência e harmonia dos poderes é pilar do Estado de Direito, é preciso agora que o Senado exerça algum protagonismo republicano.

# O PRIVILÉGIO DA IMPUNIDADE

*Folha de S. Paulo, 28 de fevereiro 2021*

Devido à forte rejeição da opinião pública e oposição firme de alguns poucos parlamentares, foi momentaneamente frustrada a trama conduzida pelo presidente da Câmara, Arthur Lira, para aprovar a toque de caixa – e atropelando os ritos processuais – uma Proposta de Emenda Constitucional (PEC 3/2021) para adulterar a imunidade parlamentar já assegurada pela Constituição.

No seu teor original, a indecorosa proposta – apelidada de PEC da Impunidade e PEC da blindagem –, dentre outras extravagâncias, limita o alcance da Lei de Ficha Limpa, restringe a prisão em flagrante de parlamentar e dispõe que ações judiciais contra eles ficam condicionadas à decisão do plenário do Supremo. Além disso, o deputado ou senador preso em flagrante ficará sob custódia do próprio Poder Legislativo esperando decisão dos colegas acerca do seu futuro. Em suma, a PEC 3/2021 tem o claro propósito de dificultar ao extremo a ação do Judiciário sobre os parlamentares, tornando-os, na prática, inimputáveis.

Em discurso na Alesp, Janaína Paschoal caracterizou a proposta como retrocesso no combate ao crime, ao peculato e ao abuso de poder: "Eles estão criando um arcabouço para proteger os maus", asseverou a deputada. É, de fato, espantoso que, no pior momento de uma devastadora pandemia, deputados adotem a atitude corporativista, indecente e imoral de legislar em causa própria no intuito de se colocarem acima da lei.

A PEC da Impunidade, porém, não é um ponto fora da curva; faz parte de um processo de acumulação de privilégios no Parlamento. Recorde-se que, durante a presidência de Rodrigo Maia na Câmara, além dos privilégios tradicionais, prosperaram as novas benesses financeiras do Fundo Partidário e do Fundo Eleitoral.

São muitos os privilégios dos nobres parlamentares, mas o privilégio da impunidade é o mais valioso, porque garante os demais. É isso o que muitos deputados – vários deles na mira da Justiça – buscam sofregamente por meio da PEC 3/2021.

# ENFRENTAR OS CORRUPTOS E COMBATER OS INEPTOS

*Folha de S. Paulo, 7 de março de 2021*

Não houve, no Brasil, resposta política à altura do desafio da pandemia. Não houve concerto de vozes a se elevarem além de interesses mesquinhos, obscuros, imediatistas, politiqueiros. Não houve gestão, articulação ou estratégia; não houve, por parte daquele que nos preside em tão grave momento, nada além de verborragia inútil e presunçosa.

Diante de um quadro devastador de agonia e desespero, o presidente agiu de forma leviana, disparando provocações, provocando aglomerações e proferindo estultices que conturbaram ainda mais uma situação já fora de controle. A despeito, porém, do descompasso mundial, da indiferença boçal, das piadas ecoadas em uma pátria enlutada, aquele a quem chamam "mito" ainda conta com a defesa canina de muitos, provando que o fanatismo é tão difícil de ser debelado quanto o coronavírus.

Desde o início da pandemia, estava claro tratar-se de grave questão coletiva a demandar cooperação e harmonia, mas, na direção contrária, fez-se a opção pelo tumulto, pela guerra ideológica, pela confusão. Questões humanitárias foram politizadas, narrativas delirantes tiveram vez em assuntos onde a competência técnica já havia assinalado diretrizes e nós colapsamos moral e politicamente, sem conseguir transmutar em energia de união e solidariedade a tragédia que nos atinge. Precisamos reagir.

O Estado já provou sua incompetência, mas os de bom senso e boa-fé que restam na política precisam cortar gastos, extinguir privilégios, decidir por um auxílio emergencial suficiente para a sobrevivência dos vulneráveis (R$ 250 não dá nem pra comer), enfrentar os corruptos, confrontar os ineptos, neutralizar os insanos.

A sociedade civil também deve atuar: associações, sindicatos, ONGs, igrejas, filantropos, empresas, todos devem contribuir. É um esforço necessário, justo e urgente. Se falharmos, o resultado poderá ser de completa convulsão social: terreno fértil para as tentações totalitárias à direita e à esquerda.

# A TRANSMUTAÇÃO DE GILMAR MENDES

*Folha de S. Paulo, 9 de março de 2021*

A decisão monocrática do ministro Edson Fachin que anulou as condenações de Luís Inácio Lula da Silva, decididas na 13ª Vara de Curitiba pelo então juiz Sergio Moro, no âmbito da Operação Lava Jato, e tornou o ex-presidente elegível não poderia deixar de causar o frisson que está causando.

Trata-se daquele que é tido como chefe do chamado Petrolão, aquilo que o ministro Gilmar Mendes, antes da sua conversão garantista, havia considerado como "o maior escândalo de corrupção de que se tem notícia".

Também não se tem notícia de uma transmutação de valores como a de Gilmar, que, de entusiasta da Operação Lava Jato, passou a fazer da destruição da mesma sua prioridade e obsessão.

Alguns dos que estão refletindo sobre a surpreendente decisão do ministro Fachin, tido como defensor da Lava Jato, entendem que ele fez o que fez na tentativa de salvar pelo menos uma parte do legado desta operação da sanha garantista do seu colega, que já haveria garantido na Segunda Turma do STF os três votos necessários para decretar a suspeição do juiz Sergio Moro, beneficiando, por efeito cascata, vários outros condenados por corrupção.

De todo modo, deu-se mais um largo passo na naturalização da impunidade dos poderosos. Estes, recentemente, haviam amargado uma derrota parcial, quando a reação da opinião pública impediu o prosseguimento da trama dirigida pelo presidente da Câmara, Arthur Lira, no sentido de colocar congressistas acima da lei, tornando-os, na prática, inimputáveis.

Se houve alguma boa intenção do ministro Fachin na sua decisão, o que é difícil de acreditar, não será fácil que prospere. O diligente ministro Gilmar não deu atenção à parte da liminar que diz respeito à perda de objeto da ação de julgamento da suspeição de Sergio Moro e deu prosseguimento à dita ação. O ministro, que segurava este julgamento desde 2018, esperando o momento conveniente de agir em desfavor do seu desafeto, levou o caso a julgamento na tarde desta terça-feira (9), com bons motivos para confiar numa vitória por 3 a 2.

Os defensores da impunidade, de quem o ministro Gilmar Mendes é lídimo representante, querem agora a punição de quem ousou investigá-los, julgá-los ou puni-los. Arthur Lira, que responde a mais de um processo judicial (embora tenha sido recentemente beneficiado com a anulação do "processo do quadrilhão do PP"), deu a senha, questionando se a decisão de Fachin "foi para absolver Lula ou Moro", acrescentando: "Lula pode até merecer. Moro, jamais!".

Outro encrencado com a justiça, o senador Renan Calheiros, ecoou o colega parlamentar, considerando importante a decisão que tornou Lula elegível, mas dizendo que "a Justiça não deve deixar de julgar e jogar para debaixo do tapete a parcialidade do então juiz Sergio Moro" e que "as responsabilidades precisam ser apuradas".

Assinado por gregos e tucanos, corre um manifesto pedindo o julgamento de Sergio Moro no STF: um leque impressionante de eminências da República e deslumbrados do lulopetismo; gente importante, como Ciro Gomes, Rodrigo Maia, Arthur Virgílio, Fernando Haddad, Guilherme Boulos, Chico Buarque, Gilberto Gil, etc.

A imprensa lulopetista entrou em erupção. Os inimigos de Sergio Moro querem sua prisão, mas objetivam, principalmente, a sua inelegibilidade.

Numa próxima eleição presidencial que já se imagina polarizada entre Lula e Bolsonaro, é imprescindível que prospere uma alternativa a tão desgraçado dilema. Dada a fúria persecutória contra o ex-juiz da Lava Jato, parece ser ele a alternativa mais temida.

# DANILO GENTILI
# E O AUTORITARISMO DA CÂMARA

*Folha de S. Paulo, 14 de março de 2021*

Em atitude abusiva, covarde e persecutória, o presidente da Câmara e sua turma acionaram o STF com um pedido de prisão em flagrante contra o humorista Danilo Gentilli. O motivo da estapafúrdia peça jurídica, enviada pelo ministro Alexandre de Moraes para apreciação da PGR, foi uma postagem de Twitter na qual o apresentador vale-se de expressão hiperbólica para tecer sua crítica aos deputados que apoiavam aquela que ficou conhecida como "PEC da impunidade."

Augusto Aras se manifestou junto ao STF dizendo não existir, "por ora", motivos para a prisão, mas propôs incluí-lo no inquérito dos atos antidemocráticos e recomendou seu banimento do Twitter. Outras medidas de cerceamento contra as liberdades de Gentili foram propostas, como a proibição de sair da cidade onde vive ou se aproximar a menos de um quilômetro da Câmara.

A Câmara justificou seu arroubo autoritário com a necessidade de "tolher a seiva autoritária" dos "saudosistas da nossa assombrosa experiência ditatorial". Ora, imputar saudosismo de ditadura a Gentili é assombrosa aleivosia. A mensagem que motivou tal empenho retaliatório quis antes atacar a trama autoritária dirigida pela Mesa da Câmara, que, com urgência oportunista, tentou fazer passar a indecorosa PEC que tornava os parlamentares praticamente inimputáveis.

O comediante já foi às redes sociais para se justificar e dizer que sempre defendeu as instituições democráticas. O que, apesar de suas ácidas críticas disparadas a torto e a direito, é substancialmente verdade. O humor de Danilo é fundamentalmente antiautoritário.

A frase que gerou a celeuma é inconveniente, merecendo um pito. Que por causa dela tenha a Câmara pedido a prisão do autor e que a PGR queira que um humorista seja censurado e banido das redes sociais é uma piada que nem o talentoso Danilo faria igual. Entretanto, é preciso que os cidadãos fiquem alertas para não permitir que tal piada se transforme em jurisprudência.

# A CONFORTÁVEL PANDEMIA

*Folha de S. Paulo, 21 de março de 2021*

Na semana passada, com o número de mortes por Covid no Brasil se aproximando de 300 mil, morrendo mais de 2.000 pessoas por dia, com o sistema de saúde entrando em colapso por todo o país, com milhões de pessoas angustiadas por providências de quem as pudesse tomar; diante da realidade de horrores que invade lares e despedaça as famílias, o deputado Ricardo Barros, líder do governo na Câmara, veio a público dizer que tal tragédia "é uma situação até confortável".

Talvez por isso, o novo ministro da Saúde, o médico Marcelo Queiroga, esclareceu, de imediato, que sua administração será de continuidade e servilismo. Com efeito, se a situação é confortável, por que não deixar como está? A situação é tão confortável e tranquila que, para quebrar a monotonia, Bolsonaro veio, mais uma vez, tumultuar e confundir: lançou suspeita sobre vacinas, pôs em dúvida os números de mortes por Covid registrados pelos órgãos competentes, ameaçou medida dura contra quem tomar medidas contra a pandemia, insinuou estado de sítio e acionou o STF para impedir medidas de proteção sanitária adotadas no Rio Grande do Sul, Bahia e Distrito Federal.

Antes de Queiroga ser convidado para o Ministério da Saúde, a médica Ludhmila Hajjar, que não queria continuidade, expôs seu desconforto com o avanço célere da pandemia, num quadro que chamou de "sombrio". Em resposta, as trevas do bolsonarismo investiram contra ela com a vileza costumeira e emplacaram o nome escolhido por Flávio Bolsonaro.

A fala infeliz do deputado Barros acerca da situação "até confortável" que vivemos foi proferida um dia antes da morte, por Covid, do senador Major Olímpio. Estão dizendo que essa morte abalou o Congresso. Abalo salutar, mas que traz uma nota de desalento: toda a República já deveria estar maximamente abalada com as anteriores mortes de milhares de cidadãos, compreendendo que o impeachment de Bolsonaro é uma urgência nacional por questão humanitária e de sobrevivência.

# O CIRCO DE GILMAR MENDES

*Folha de S. Paulo, 28 de março de 2021*

As instituições da República merecem respeito. A questão é que, muitas vezes, elas não se dão ao respeito. Um exemplo disto foi a sessão da segunda turma do STF que declarou a parcialidade do ex-juiz Sergio Moro em atuação no processo do ex-presidente Lula. No julgamento, três dos cinco ministros, além de usarem provas ilícitas (mensagens roubadas por *hackers*), acrescentaram a afrontosa mentira de dizer que não o estavam fazendo, no exato momento em que o faziam.

O ministro Gilmar Mendes deu um show à parte. Descompensado após o voto do ministro Kassio Nunes, que tinha pedido vistas do processo, Gilmar deu um chilique, faniquito ou piti; um troço desses que misturou fúria, choro, berro e teatro: gritou, destratou o ministro Kassio e xingou até o Piauí. As lágrimas brotaram depois, na emoção ao elogiar o advogado de Lula.

No seu destampatório, Gilmar sustentou seus argumentos nas provas ilícitas das mensagens roubadas, que citava a todo momento, sempre acrescentando que não as estava usando. A ministra Cármen Lúcia, por sua vez, que em 2018 tinha julgado esse mesmo processo dando voto favorável a Moro, aparentemente acossada pela fúria de Gilmar, alterou seu voto, virando o placar do jogo em favor do garantismo do colarinho branco.

A quebra de decoro do ministro Gilmar repercutiu no Congresso e o senador Esperidião Amin chegou a interromper uma sessão no

Senado para compartilhar seu estarrecimento: "Eu estou perplexo, estarrecido, escandalizado com esse tipo de reação diante de um julgamento".

Protegidos de pedidos de impeachment pelo acordo de proteção mútua entre os poderes, os ministros do Supremo seguem com seus arroubos autoritários e o STF se firma como a instância máxima garantidora do maior e mais obsceno dos privilégios: a impunidade dos poderosos.

# UM ESTORVO NO PLANALTO

*Folha de S. Paulo, 4 de abril de 2021*

Respeitar a autonomia das instituições de Estado é dever do governante democrático, coisa que Bolsonaro não entende. Em meio à aceleração assustadora de mortes diárias por Covid, o presidente achou de aumentar o tumulto com uma reforma ministerial de corte fisiológico e intenção autoritária, tentando subordinar as Forças Armadas aos seus caprichos de ocasião.

Nesse intento, por ora, o presidente fracassou, uma vez que os líderes militares reagiram com altivez e dignidade, abrindo mão dos cargos para manter as Forças Armadas comprometidas com a democracia e guiadas pela Constituição, como afirmado na nota do general Fernando Azevedo e Silva, exonerado do cargo de ministro da Defesa.

Mais uma vez, os arroubos autocráticos de Bolsonaro levaram à queda de um ministro que tentava salvaguardar as instituições: Sergio Moro saiu por não aceitar a interferência na Polícia Federal; Azevedo saiu por não aceitar que o Exército brasileiro fosse transformado em milícia. Não existe isso de "meu Exército", como quer Bolsonaro. O único "exército" desse tipo com o qual ele pode contar é o de seus fanáticos, que, aliás, vai minguando.

No momento, Bolsonaro depende mais do Centrão, que nada tem de fanático, sendo apenas oportunista. Daí a Secretaria de Governo, ambicionada "chave de cofre", ter sido entregue à deputada Flávia Arruda, do PL, por recomendação de Arthur Lira e, principalmente, de Valdemar Costa Neto, presidente do PL, notório articulador do Mensalão, preso por corrupção e réu por peculato e fraude em licitação. Deputada de primeiro mandato, Flávia, que terá a missão de negociar cargos e verbas, é casada com o ex-governador José Roberto Arruda, duas vezes preso por corrupção.

Não bastasse isso, um preposto de Bolsonaro na Câmara tentou emplacar o projeto de Mobilização Nacional, dando ao presidente poderes excepcionais. O golpe sanitário não vingou. Bolsonaro não lidera como presidente nem consegue ser ditador; resta como um estorvo.

# CONSCIÊNCIA DEMOCRÁTICA

*Folha de S. Paulo, 11 de abril de 2021*

Recentemente, um grupo de possíveis candidatos a presidente da República divulgou documento intitulado "Manifesto pela Consciência Democrática", no qual se constata que – três décadas após a reunião de forças políticas em torno do movimento das Diretas Já e da eleição de Tancredo Neves – a democracia brasileira está sob ameaça.

O diagnóstico é correto, mas merece o adendo de que a chegada ao Planalto de um populista de direita resultou da rejeição desse ciclo político que se iniciou nos anos oitenta. Não se pode confundir a democracia que vale a pena defender com o mecanismo nefasto mantido por políticos que a defendem apenas retoricamente.

No quadro de crises permanentes que caracteriza a Nova República, marcada por práticas patrimonialistas e estruturada em um presidencialismo problemático que convive com um sistema loteado por partidos desacreditados que se multiplicam ao sabor de uma legislação permissiva que os engorda com fundos bilionários em relação aos quais mal prestam contas, a Operação Lava Jato deixou à mostra a real engrenagem da nossa perversa política, de modo geral, e do Partido dos Trabalhadores (PT), em particular: a captura do Estado em esquema sistêmico e gigantesco de corrupção por meio de conúbio entre grandes empreiteiras, burocratas estatais e líderes políticos autointitulados democratas.

Bolsonaro ser um desastre pandêmico não torna Lula menos corrupto. Importa repisar isso quando começamos esse estranho abril, no dia da mentira, assistindo à amistosa entrevista concedida por Lula ao autor do *País dos Petralhas* e, nessa mesma *Folha*, lendo Mario Sergio Conti clamar pelo messianismo de um Lula ressurreto. Até Luiz Felipe Pondé, avesso à corrupção lulopetista, chegou a ponderar que, em caso de segundo turno entre Alien e o Predador, o menos traumático seria o Predador Lula, dotado de uma forma mais humana. Não há, porém, carma coletivo que nos condene novamente a tão trágico dilema eleitoral.

# CPI DA COVID: INQUÉRITO OU PALANQUE?

*Folha de S. Paulo, 18 de abril de 2021*

O senador Tasso Jereissati afirmou que a CPI da Covid pode ser "a mais importante da história recente". Pode ser também a mais desastrosa, caso seja usada para fins político-eleitoreiros, transformada em palco de vaidades e interesses escusos.

Já houve CPIs exitosas, mas também houve as que se prestaram ao lamentável papel da chantagem e da politicagem e não deram em nada. Conduzida com responsabilidade, essa CPI cumprirá papel importantíssimo, pois é urgente – e já atrasado – investigar e responsabilizar as autoridades do governo central – e seus conexos nos estados e municípios – que, por ação ou omissão, concorreram – ou ainda concorrem – para o alastramento de uma pandemia que já ceifou cerca de 400 mil vidas.

Não tem como não chamar à responsabilidade quem está à frente de uma nação que falhou terrivelmente no combate à pandemia; por outro lado, resta patente que alguns governadores e prefeitos tomaram medidas erráticas, enquanto outros estão se aproveitando da desgraça coletiva para fazer palanque eleitoral.

A CPI precisa ganhar legitimidade perante a sociedade; tarefa difícil se realmente conceder sua relatoria ao senador Renan Calheiros – que já esteve envolvido em vários escândalos e foi réu por corrupção – e sua presidência ao senador Omar Aziz – que já foi alvo de operação da Polícia Federal por desvio de dinheiro da área da saúde quando era governador do Amazonas.

Mas a composição da CPI não é de todo ruim. Se há governistas que tentarão blindar o presidente Bolsonaro, também há os senadores independentes que não estão comprometidos nem com o governo nem com uma linha de oposição irresponsável.

# STF – O CRIME COMPENSA

*Folha de S. Paulo, 25 de abril de 2021*

Articulado com os outros Poderes na exitosa construção da República da impunidade, o STF não surpreendeu ninguém ao liquidar a Operação Lava Jato e jogar no lixo um extraordinário trabalho de combate à corrupção.

Na véspera da sessão plenária que, apesar de interrompida por pedido de vista do ministro Marco Aurélio, já fez maioria de 7 a 2 pela suspeição do ex-juiz Sergio Moro no julgamento do ex-presidente Lula, o Movimento Vem Pra Rua alertou para o fato de que o STF estava na iminência de sacramentar o infeliz ditado de que "o crime compensa".

A sentença moral de que "o crime não compensa" é universal e antiga; porém igualmente antiga é a constatação de que o crime, na forma de roubo, quando é grande, costuma compensar. Esse entendimento é popular e está expresso no refrão da divertida embolada *O Ladrão Besta e o Ladrão Sabido*: "Quem é que vive mais: o ladrão besta ou o sabido? / O besta morre logo e o sabido é garantido".

Pois bem, o que os ministros do STF fizeram no plenário quando convalidaram a chicana anterior da segunda turma, conduzida pelo suspeitíssimo Gilmar Mendes, foi garantir a impunidade dos ladrões sabidos.

Ao extinguir a possibilidade de prisão após condenação em segunda instância, o STF já havia garantido ao ladrão com bastante dinheiro para pagar advogados sabidos o direito de adiar a sua prisão até o dia de São Nunca. Agora, estabelecida a suspeição de Sergio Moro, os advogados de todos os grandes corruptos presos já podem requerer isonomia de tratamento em relação ao processo do ex-corrupto Lula e exigir a soltura dos seus clientes. Soltura e indenização. E poderão também requerer que retornem aos cofres privados os bilhões devolvidos ao erário por empresários apanhados pela Lava Jato.

É a hermenêutica da arbitrariedade ou a revanche dos corruptos, como bem diagnosticou o ministro Luís Roberto Barroso: "Na Itália, a corrupção conquistou a impunidade. Aqui, entre nós, ela quer a vingança".

# LULA E RENAN

*Folha de S. Paulo, 2 de maio de 2021*

A rigor, os crimes de responsabilidade do presidente da República na administração da crise da pandemia foram tantos e tão escancarados que ele já deveria ter sido responsabilizado e afastado do cargo há algum tempo. O impeachment, porém, não é a melhor opção segundo os cálculos políticos de alguns, que apostam na velha estratégia de desgastar e deixar sangrar.

Para esses, a referência às mais de 400 mil vidas perdidas é apenas arma retórica: estão preocupados apenas em deixar evidente que o Brasil é capitaneado por um louco. Para tanto, a CPI da Covid vem a calhar.

Os petistas, por exemplo, apostam na disputa eleitoral polarizada entre um Lula turbinado e um Bolsonaro maximamente desgastado. Já o Centrão tem o claro interesse de manter Bolsonaro refém e fragilizado para lhe arrancar todas as benesses possíveis. Vê-se que a CPI da Covid interessa e serve de palanque a muitos, mas a Renan Calheiros coube aproveitá-la como ninguém. Suas falas rebarbativas politicamente direcionadas têm dado exuberante demonstração nesse sentido.

Numa dessas falas, Renan disse que não é discípulo "nem de Deltan Dallagnol nem de Sergio Moro" e que não arquitetará "teses sem provas ou *powerpoints* contra quem quer que seja". Tal fala expressa seu ímpeto de vingança contra a Lava Jato, pois o senador, envolvido em vários escândalos, já foi réu por corrupção e continua pendurado em oito inquéritos. Mas, além disso, expressa também um aceno ao PT: Renan mira a vice-presidência da República.

Certamente, em um quadro de favoritismo do PT, o impeachment alteraria o tabuleiro eleitoral, não sendo, pois, do interesse do partido nem dos seus possíveis aliados.

A vaga de vice será disputada no tapa, mas havemos de convir que o MDB tem cacife e pode consolidar uma aliança muito forte.

Essa chapa Lula-Renan tem simbolismo e potencial. Pode reunir e galvanizar as forças vivas da corrupção, navegando em um ambiente de suprema consagração da impunidade.

# CLOROQUINA BOLSONARO E EMPLASTO BRÁS CUBAS

*Folha de S. Paulo, 10 de maio de 2021*

A CPI da Covid vem comprovando o que já se sabia: os crimes de responsabilidade do presidente Bolsonaro no trato da crise sanitária foram muitos e graves; alguns decorrentes de suas obsessões. Uma delas, a cloroquina, conhecida até pelas emas do Palácio da Alvorada, está no centro das investigações.

Os depoimentos dos ex-ministros da Saúde, os médicos Luiz Henrique Mandetta e Nelson Teich, deixaram claro que a resistência quanto à prescrição dessa droga concorreu para a demissão de ambos. Por sua vez, o depoimento do atual ministro, o médico Marcelo Queiroga, constrangeu pelo esforço em não corroborar o seu uso nem melindrar o cloroquinismo presidencial. Já o ex-ministro general Pazzuelo, que se submeteu sem restrições a todos os caprichos do presidente, esquivou-se de depor com desculpa pouco convincente.

Obsessões de baixa intensidade são rotineiras; algumas, porém, podem evoluir para a gravidade patológica. O tema é recorrente na literatura e foi bastante explorado por Machado de Assis. Brás Cubas, por exemplo, tinha uma ideia fixa: "Deus te livre, leitor, de uma idéia fixa; antes um argueiro, antes uma trave no olho", desabafa o defunto autor, cuja ideia era nada menos que um medicamento sublime, um emplasto que lhe daria "o primeiro lugar entre os homens, acima da ciência e da riqueza".

Refletindo sobre sua obsessão, o finado confessa que o gosto de ver as três palavras – Emplasto Brás Cubas – impressas nos jornais, folhetos e caixinhas de remédio foi o que mais o influiu: "a minha idéia trazia duas faces, como as medalhas, uma virada para o público, outra para mim. De um lado, filantropia e lucro; de outro, sede de nomeada. Digamos: – Amor da glória".

Para Brás Cubas, sua ideia fixa era também seu orgulho: "tinha o emplasto no cérebro; trazia comigo a idéia fixa dos doidos e dos fortes". Isso é a cara de Bolsonaro. Que ele se julga um forte, não há dúvida. E já não são poucos os que o consideram doido.

# DE MENSALÃO AO BOLSOLÃO

*Folha de S. Paulo, 16 de maio de 2021*

A chamada "emenda do relator", criada por acordo entre o governo e uma ampla representação do Congresso, acrescenta verba extra às emendas parlamentares já previstas para beneficiar discricionariamente deputados e senadores dispostos a subjugar seus votos aos interesses palacianos. Investigações da imprensa dão conta de que tal artifício proporcionou um orçamento secreto de R$ 3 bilhões, que faria parte de um esquema mais amplo já apelidado de "Bolsolão".

O presidente Bolsonaro afirma que foi tudo normal e que, se alguém comprou algo superfaturado "na ponta da linha", ele não tem culpa. Na ponta dessa linha detectou-se, por exemplo, a compra de tratores superfaturados, de onde surgiu o apelido "Tratoraço".

Parlamentares contemplados com gordas verbas de emendas extras têm puxado as linhas desse esquema, entregando-as a aliados em seus redutos eleitorais. O ex-presidente do Senado, Davi Alcolumbre, e o atual presidente da Câmara, Arthur Lira, por exemplo, foram muito bem aquinhoados. Estes, quando questionados pela imprensa, responderam que tudo foi legal e certinho. Outros, porém, negaram-se a responder, apresentando desculpas esdrúxulas, como motivo de "segurança de Estado".

A primeira analogia deste caso foi com o antigo escândalo dos Anões do Orçamento, mas a comparação mais pertinente é com o Mensalão: tanto o esquema patrocinado pelo governo Lula, quanto o esquema do atual governo Bolsonaro tiveram por objetivo corromper e cooptar o Congresso Nacional, comprando apoio político com dinheiro público.

O Bolsolão está em fase embrionária de apuração, mas é improvável que a investigação avance muito nesta República da impunidade construída pelos interesses combinados do bolsonarismo e do lulopetismo. E, mesmo que avance, os detentores de foro privilegiado a serem julgados no STF podem ficar tranquilos: dada a jurisprudência da impunidade firmada no grito pelo ministro Gilmar Mendes, eles serão não apenas absolvidos, mas também enaltecidos.

# O DIABO NA CPI DA PANDEMIA

*Folha de S. Paulo, 23 de maio de 2021*

Há um interessante trecho de C.S. Lewis no qual ele explica a estratégia do diabo para nos pegar: "Ele sempre envia ao mundo erros aos pares – pares de opostos. E sempre nos estimula a desperdiçar um tempo precioso na tentativa de adivinhar qual deles é o pior". Deus é brasileiro, mas o diabo gosta da nossa terra e está esfregando as mãos com a expectativa de um segundo turno entre Lula e Bolsonaro: "Ele usa o fato de você abominar um deles para levá-lo aos poucos a cair no extremo oposto".

No cinema, por vezes, o diabo é boa pinta, sedutor e perfeito anfitrião. No Brasil, dependendo da ocasião, toma uísque, cachaça, vinho ou tubaína; e também articula "almoços democráticos" entre ex-presidentes.

O tinhoso está sempre atento às oportunidades e, no momento, não perde uma sessão da CPI da Pandemia, cuja gravidade exigiria apurado senso moral, imparcialidade e sentimento de dever: coisas que o diabo não pode permitir. Quase posso vê-lo soprando no ouvido de alguns senadores, insuflando os ânimos, manipulando os incautos, jogando com a vaidade de todos e, sobretudo, gozando com a naturalização da mentira e a banalização do mal (notada pelo senador Alessandro Vieira que comparou o depoimento de Pazuello ao julgamento de Eichmann).

Ao depor como testemunha, o general e ex-ministro mentiu abundantemente, com altivez e segurança. As mentiras de Pazuello, porém, e a óbvia responsabilidade do governo Bolsonaro pela desastrosa condução da crise sanitária e pelo consequente número trágico de mortes, não anula a responsabilidade de gestores estaduais e municipais nos casos em que houve desvio de verbas enviadas para o combate à pandemia.

Como tem repetido o senador Eduardo Girão, desvio de verba em tempo de pandemia não é apenas corrupção, é assassinato. Bolsonaro delinquir não torna menos delinquentes os gestores que permitiram desvios. Como diria Lewis, temos que "passar reto no meio de ambos os erros. Nem um nem outro nos interessam".

# A CAPITULAÇÃO DE FHC

*Folha de S. Paulo, 30 de maio de 2021*

A necessidade do entendimento em torno de uma candidatura presidencial como terceira via alternativa a duas candidaturas opostas e já postas para 2022 surge mediante a compreensão de que tais extremos opostos são igualmente nefastos.

A construção de uma opção moderada e democrática deve ter como pressuposto o fato de que tanto o populismo de esquerda, representado por Lula, quanto o populismo de direita, representado por Bolsonaro, são faces de uma mesma moeda: moeda do atraso, antiga, sem valor, que o Brasil precisa deixar para trás.

Dada a natureza desses populismos autoritários que se antagonizam, a terceira via pode ser chamada simplesmente "via democrática": via que requer paciência na sua construção, mas também alguma audácia. Apesar das evidentes dificuldades, há espaço na sociedade e tempo hábil para que se viabilize. Porém, não se pode perder tempo com quem não se mostra disposto a construí-la, como o ex-presidente Fernando Henrique Cardoso.

O PSDB postula a candidatura de terceira via e já apresentou alguns dos seus quadros como opção. A liderança mais reconhecida do partido deveria, pois, trabalhar para fortalecer um nome no campo social-democrata ao invés de descer do muro para o chão da via populista-corrupto-autoritária ao confraternizar com Lula e adiantar-lhe voto em segundo turno, capitulando mais de um ano antes da eleição.

O que se espera das lideranças de centro, centro esquerda e centro direita é que deem um passo para a frente e não para trás. Se não querem que a crise da democracia venha a destruí-la, que busquem a atitude correta e as reformas adequadas aos novos tempos e não se acovardem a ponto de apoiar políticos e partidos obstinados em conseguir o privilégio da impunidade, colocar os brasileiros uns contra os outros, assaltar os cofres públicos e aparelhar instituições para se eternizarem no poder. Não dá para defender a democracia fazendo de conta que Lula é um democrata.

# DRA. LUANA: A FORÇA DO BOM SENSO

*Folha de S. Paulo, 6 de junho de 2021*

Descartes inicia o seu famoso *Discurso do Método* com uma ironia ao afirmar que o bom senso é a coisa mais bem distribuída do mundo, já que todos estão convencidos de que o têm de sobra. Bom senso, explica Descartes, é o poder de bem julgar e de distinguir o verdadeiro do falso. A diversidade de opiniões não decorre de uns serem mais bem dotados do que outros, mas do fato de conduzirem os pensamentos por vias diversas e não considerarem as mesmas coisas.

O que aconteceria, então, se, em um contexto de pandemia, o líder de uma nação e seus seguidores não se limitassem a mal conduzir seus próprios pensamentos acerca do problema, mas tentassem impor políticas públicas baseadas em seus equívocos e tivessem a força das redes sociais para fazer o erro parecer verdade? O resultado seria cerca de meio milhão de mortos.

Vivenciamos no Brasil um caos sanitário potencializado pelo fanatismo e pela baixa política. O depoimento da dra. Luana Araújo na CPI da Covid causou impacto por ter sido uma lufada de bom senso em meio a tudo isso. E o bom senso dela mostrou-se, inclusive, nos princípios epistemológicos antidogmáticos que balizaram seu apelo científico: a ciência trabalha com "verdades relativas de ponta", não com verdades absolutas.

No começo, explicou a médica, havia plausibilidade teórica em relação ao uso da cloroquina no tratamento da Covid-19, mas as evidências científicas acumuladas pelo mundo inteiro, que está trabalhando contra o mesmo inimigo, invalidaram a hipótese. A despeito disso, insistiu-se no fármaco porque o presidente da República fez uma aposta de interesse político, jogando suas fichas na imunidade de rebanho, na cloroquina e no tratamento precoce. Apostou alto, jogou com vidas humanas e não voltou atrás quando suas apostas se mostraram desastrosas.

O veto à nomeação da dra. Luana confirma o padrão Bolsonaro de governar: ele despreza profissionais competentes e dignos para se cercar de aduladores.

# O CEMITÉRIO MORAL DO BOLSONARISMO

*Folha de S. Paulo, 13 de junho de 2021*

O coronel Elcio Franco, ex-secretário-executivo do Ministério da Saúde, em seu depoimento à CPI da Covid, tentou justificar o atraso na aquisição da Coronavac, alegando que, à época das negociações, a referida vacina estava na fase 3 e que temia um "cemitério de vacinas".

Tal depoimento reforça o cemitério moral que se tornou o bolsonarismo, por onde vagueiam a subserviência, o fanatismo, a mentira e a corrupção: há o esquema miúdo das rachadinhas e o esquema graúdo do Bolsolão; há ministro do Meio Ambiente investigado, líder do governo no Senado indiciado; há esquema de desinformação e destruição de reputações, há aparelhamento ideológico de órgãos públicos, tentativa de cooptação das Forças Armadas, do Congresso, da PGR; há documento falso plantado no TCU.

Há motivos de sobra para o derretimento do apoio a Bolsonaro. Mas há a eterna sedução do poder e há muita demagogia e oportunismo do outro lado, fazendo com que alguns ainda se agarrem ao péssimo para evitar o retorno do ruim.

A despeito de ter votado em Bolsonaro em 2018, vejo agora todo o desastre do seu governo, que corrói as instituições, radicaliza a polarização, alimenta a discórdia entre os brasileiros, manipula pessoas de boa-fé estimulando um messianismo barato, instiga os instintos primários dos que querem se provar machos adorando um mito, enterra a luta contra a corrupção e, principalmente, sabota todas as boas práticas de combate a essa pandemia devastadora.

É fato que intolerância, fanatismo e culto à personalidade tornaram-se a alma mesma do bolsonarismo; do mesmo modo que foi e continua sendo do lulismo. Por isso mesmo, nem a esquerda nem o lulopetismo devem ter o monopólio da oposição a Bolsonaro. Liberais, conservadores, democratas e humanistas almejam um novo caminho. É urgente que o Brasil reaja com uma articulação de forças de centro-esquerda, centro e centro-direita capaz de romper os extremos da via do populismo demagógico autoritário.

# NOVA LEI DE IMPROBIDADE: LICENÇA PARA ROUBAR

*Folha de S. Paulo, 20 de junho de 2021*

Foi aprovado na Câmara, por 408 votos a favor e apenas 67 contra, um PL (projeto de lei) que altera a Lei de Improbidade Administrativa, de modo a tornar ainda mais fácil aos gestores públicos desviarem recursos. Apenas três pequenos partidos tiveram coragem de se opor à sanha corporativista que incentiva a esbórnia administrativa: Novo, Podemos e PSOL. A vitória acachapante se deu por um motivo simples: suas excelências legislam em causa própria.

A licença para roubar foi votada em regime de urgência. O presidente da Câmara, Arthur Lira, que comandou a impostura processual relâmpago com grande entusiasmo, considerou assim: "A legislação vigente é ultrapassada, antiquada e engessa os bons gestores". Mesmo engessado, quando deputado em Alagoas, Lira conseguiu se mexer o suficiente para ser condenado em duas ações por improbidade administrativa, nas quais poderá ser beneficiado caso passe a vigorar a nova lei que, aprovada na Câmara de forma indecorosa, segue agora para o Senado, onde as previsões lhe são favoráveis.

Assim como Lira, outros deputados fizeram malabarismos retóricos a fim de justificar o referido PL. Para o relator Carlos Zaratinni, do PT, "são incontáveis os casos de condenação por irregularidades banais" e "com isso, as pessoas de bem se vão afastando da vida pública". Esse argumento foi enfaticamente repercutido pela deputada bolsonarista Carla Zambelli, para quem "a lei afugentava pessoas decentes de exercerem cargos públicos". É curioso ver petistas e bolsonaristas convergirem nesse estranho argumento de que pessoas de bem evitam ambientes onde vigoram leis que lhes proíbem o cometimento de crimes.

O presidente Bolsonaro, que torrou uma grana para garantir a eleição de Lira na Presidência da Câmara, disse que "essa nova Lei da Improbidade vai ajudar bastante". Com efeito, para se blindar contra mais de 100 pedidos de processo de impeachment, o presidente da República precisa da ajuda de quantos ímprobos puder cooptar.

# BOLSONARO E BARROS: A POLÍTICA COMO ELA É

*Folha de S. Paulo, 27 de junho de 2021*

"Isso é coisa do (...)", teria dito Bolsonaro ao deputado Luís Miranda e seu irmão Luís Ricardo Miranda, após ser alertado dos graves indícios de corrupção no processo de aquisição da vacina indiana Covaxin.

No depoimento dos irmãos à CPI da Covid, o suspense em torno desse nome durou até o momento em que o senador Alessandro Vieira o declarou com todas as letras e a senadora Simone Tebet convenceu o depoente a verbalizá-lo. Trata-se de Ricardo Barros, líder do governo na Câmara; aquele mesmo que, ao assumir tal liderança, disse que o fazia justamente na hora em que o presidente Bolsonaro se articulava com "a política como ela é".

Na política como ela é, Barros tem ficha corrida: foi condenado por fraude quando prefeito de Maringá e teve o mandato de deputado cassado pela Justiça Eleitoral por compra de votos (decisão anulada por recurso). No momento, está denunciado por improbidade administrativa em caso de fraude na aquisição de medicamentos quando ministro da Saúde no governo Temer. Esse último processo faz link com o atual escândalo Covaxin: no primeiro, Barros teria favorecido a empresa Global Gestão em Saúde; agora estaria tentando favorecer a Precisa Medicamentos. Ambas são sócias e têm mesmo dono.

Bolsonaro é um presidente fraco, que se submete ao Centrão e tem medo de Ricardo Barros; isso foi dito e dramatizado pelo deputado

Luís Miranda na CPI. O medo desorienta: em pronunciamento que antecedeu o depoimento, Onyx Lorenzoni, em nome do presidente da República, disse que mandaria investigar os denunciantes, e não o crime denunciado.

Embora senadores governistas tenham tentado repassar o crime de prevaricação para as costas largas e submissas do ex-ministro Pazuello, é ao presidente que ele deve ser imputado.

Enquanto os indícios de corrupção diziam respeito apenas a governadores, prefeitos e ao Consórcio do Nordeste, a CPI fechou os olhos. Pelo menos agora os olhos dos senadores estão bem abertos.

# IMPLOSÃO BOLSONARISTA E ENGODO NEOLULISTA

*Folha de S. Paulo, 4 de julho de 2021*

Embora não lhe faltem adversários, o bolsonarismo vem se destruindo por dentro, a começar pelo uso que o presidente e seus filhos fazem, em retórica autodemolidora, do poderoso arsenal de ignorância de que dispõem. Fica cada vez mais claro, porém, que não se trata, neste governo, apenas de ignorância, intolerância, boçalidade, incompetência e omissão.

Das "rachadinhas" de Flávio, passando pelo "tratoraço", chega-se agora, por meio dos depoimentos do deputado Miranda e do PM lobista Dominguetti, a evidências de que o Ministério da Saúde na gestão Pazuello e, por consequência, o governo Bolsonaro, foi atravessado por enorme esquema de corrupção.

O edifício bolsonarista está implodindo, embora o desabamento seja adiado pelos engenheiros do Centrão, que o escoram como podem, tentando arrancar vantagens de um presidente acuado, errático, desatinado e impotente. Em meio aos escombros do governo Bolsonaro, eis que ganha força o engodo neolulista, como se o esquecimento do Mensalão e do Petrolão pudesse ser algo além de retrocesso e entorpecimento coletivo.

Aquele que se pinta de alma mais honesta deste país, quer se colorir também de democrata, quando, na verdade, é um autocrata dentro de seu próprio partido, além de ardoroso defensor de ditaduras, desde que sejam de esquerda. Lula e seu obediente PT não perderam uma só oportunidade de demonstrar apoio e financiar regimes fechados como o de Cuba e da Venezuela.

Corroborando essa inclinação autoritária, o petista, em entrevista ao jornal chinês *Guancha*, teceu entusiasmadas loas ao "partido político forte" da China: "Esse partido na China tem poder e um governo forte. Quando tomar decisões, o povo respeitará essas decisões. Isso é algo que não temos no Brasil", disse Lula, que é um destacado representante da esquerda autoritária mundial, embora mais preocupado com seu poder pessoal.

Bolsonaro é uma mentira que está chegando ao fim, Lula é um engodo que quer voltar.

# IMPEACHMENT PELA DIREITA

*Folha de S. Paulo, 11 de julho de 2021*

O ataque de militantes do PCO a militantes do PSDB na manifestação do dia 3 de julho na avenida Paulista, assim como a ocorrência de atos de vandalismo, impuseram uma inflexão na campanha de impeachment ora em curso, levando movimentos e partidos mais à direita, como MBL, Vem pra Rua e Novo, a convocarem uma grande manifestação "Fora Bolsonaro", sem a esquerda, para o dia 12 de setembro.

A luta pelo impeachment não é monopólio da esquerda, mas imperativo moral da nação. Os que a querem restringir a um único campo ideológico traem, com tal atitude, sua falta de espírito democrático. Aliás, tal pretensão monopolista pode ser tentativa de sabotagem do impeachment: na Presidência, um Bolsonaro maximamente desgastado impulsiona a candidatura de Lula; da mesma forma, o favoritismo de Lula na disputa eleitoral entrega a Bolsonaro o antipetismo como trunfo. São dois tipos de populismo em simbiose que se retroalimentam enquanto parasitam o Brasil.

Mas o campo liberal e conservador ainda está divido. Compreende-se (embora reprove-se) que burocratas e políticos que se aboletaram no poder, empresários que asseguraram privilégios e formadores de opinião que passaram a receber generosas verbas do governo tergiversem em relação à defesa do impeachment. Mas há também, nesse espectro ideológico, os bem intencionados que resguardam em um ponto cego de algum desvão do cérebro a ideia de que Bolsonaro seja o último baluarte da liberdade contra a ameaça comunista; apegados a essa fantasia, fazem vista grossa para tudo, desde as rachadinhas da família às monumentais traficâncias no âmbito do Ministério da Saúde.

Embora forçada pela intolerância de parte da esquerda, talvez não seja má a estratégia de forças ideologicamente divergentes marcharem pelo impeachment separadamente. Quem sabe mais tarde os setores civilizados da direita e da esquerda se unifiquem em benefício da vida e da democracia.

# LULA, CUBA E A LIÇÃO DE SARAMAGO

*Folha de S. Paulo, 18 de julho de 2021*

O autocrata do PT que posa de democrata expôs, mais uma vez, toda sua abjeta bajulação à ditadura cubana. No dia em que se registrava oficialmente a primeira morte decorrente da enorme onda de protestos que inundou as ruas de Cuba desde as cidades do interior até Havana, Lula iniciou uma sequência de tuítes com uma indagação torpe: "O que está havendo em Cuba de tão especial para falarem tanto?"

Manifestantes foram espancados, mais de cem foram detidos, muitos estão desaparecidos, repórteres foram sequestrados, uma *youtuber* foi presa ao vivo enquanto dava entrevista, mas Lula, cruel e cinicamente, minimizou todo o ocorrido dizendo: "Houve uma passeata". E seguiu com sua cavilação no Twitter: "Mas vocês não viram nenhum soldado em Cuba com o joelho em cima do pescoço de um negro, matando ele", escreveu, referindo-se ao caso George Floyd, que, embora tenha mostrado a chaga aberta do racismo nos Estados Unidos, mostrou também a disposição do povo e das instituições americanas em combatê-lo.

Das covardias de Lula em favor do Estado ditatorial castrista destaque-se que, em 2007, durante os jogos Pan-Americanos, o então presidente mandou caçar, prender e deportar os boxeadores cubanos Erislandy Lara e Rigondeaux, que tentaram conseguir asilo no Brasil.

Rever posições políticas é, às vezes, uma exigência de racionalidade e um teste de caráter. O premiado escritor José Saramago, por exemplo, indignado com a execução sumária, em 2003, de três dissidentes cubanos que tentaram fugir de Cuba em um barco, rompeu com o regime, reagindo à infâmia da ditadura com a paradigmática frase: "Até aqui cheguei".

A esquerda brasileira, de modo geral, não seguiu o exemplo de Saramago. Apenas o Cidadania fez nota de apoio às manifestações do povo cubano. A do PT foi de apoio à ditadura. Cabe a nós, brasileiros, nas urnas, cravarmos um voto contra os defensores de ditaduras; seja à esquerda, seja à direita. Basta. Até aqui chegamos.

# ALIANÇA PELA CORRUPÇÃO

*Folha de S. Paulo, 25 de julho de 2021*

Tendo parasitado todos os governos da República desde o presidente José Sarney, o Centrão deve, finalmente, chegar ao poder com a nomeação de Ciro Nogueira a ministro-chefe da Casa Civil.

Escanteado para um ministério de menor relevância, o general Ramos se disse surpreso e insatisfeito com a sua substituição. Afirmou, entre submisso e queixoso, que não sabia, estava em choque, mas que soldado não escolhe missão. E desabafou: "Se eu estivesse sendo trocado por alguém formado em Oxford ou Harvard, tudo bem, poderiam dizer que falhei. Mas é por um político aliado do presidente, é assim que funciona".

Ciro Nogueira não foi diplomado em Harvard, mas, para dirigir a República da impunidade que se tornou o Brasil, ele tem credenciais: é réu no STF por organização criminosa, denunciado por corrupção, lavagem de dinheiro e obstrução da justiça. Foi acusado de ter recebido R$ 2,5 milhões de propina da JBS para assegurar apoio do seu partido a Dilma em 2014 e acusado pelo MPF de ter recebido R$ 7,3 milhões de propina da Odebrecht. É diplomado em politicagem e foi aprovado com louvor por seus pares.

Para o deputado Rodrigo Maia, Ciro Nogueira é "muito competente e muito articulado" e levará a chance de impeachment de Bolsonaro a zero (Maia é um animador da candidatura de Lula e daqueles a quem interessa que Bolsonaro 'sangre' até outubro de 2022). O deputado

Ricardo Barros, por sua vez, tuitou que estava "entusiasmado com a escolha de Bolsonaro" e que Ciro Nogueira "emprestará ao governo sua longa experiência na articulação política".

O presidente Bolsonaro gosta de mandar, mas já não governa. O Centrão agora tem completo domínio da máquina a partir da Casa Civil. A chave do cofre está entregue; o Brasil foi rifado. Em troca, Arthur Lira e Ciro Nogueira evitam o impeachment e garantem a Bolsonaro uma legenda para tentar a reeleição. Não deu certo a tal Aliança pelo Brasil, mas fechou-se sólida aliança pela corrupção.

# AFD E A MISÉRIA IDEOLÓGICA DO BOLSONARISMO

*Folha de S. Paulo, 1 de agosto de 2021*

O avô materno de Beatrix von Storch foi ministro de Hitler e seu avô paterno foi membro da SA; a questão, porém, não é o passado nazista dos seus avós, mas sua presente atuação política. Beatrix é vice-presidente da AfD (Alternativa para a Alemanha) e uma das principais responsáveis pela conversão desse partido, inicialmente moderado, em uma agremiação ultranacionalista, fundamentalista, xenófoba e racista da qual os liberais fugiram.

A AfD é hoje um partido populista de direita cujos membros são sistematicamente acusados de nutrir simpatias pelo nazismo. Um porta-voz afirmou orgulhar-se de sua ascendência ariana e declarou que imigrantes deveriam ser mortos com gás; um de seus deputados criticou a memória do Holocausto e Beatrix von Storch já defendeu que guardas de fronteira atirassem em refugiados que chegassem à Alemanha.

Bia Kicis, Eduardo e Jair Bolsonaro recepcionaram calorosamente Beatrix em sua visita ao Brasil. Confrontados nas redes sociais, apresentaram a deputada alemã simplesmente como líder conservadora. Não procede. O conservadorismo é uma tendência política de centro-direita que respeita as instituições e zela pela democracia. Não é o caso nem da AfD nem do bolsonarismo.

A questão não pode ser resumida à autodeclaração. O partido estabelecido na tradição conservadora, cristã e liberal da Alemanha é a CDU, da chanceler Angela Merkel, que há quase duas décadas se mantém como a mais forte, coerente e consistente referência da democracia no mundo, sendo a chanceler, seu governo e seu partido alvos preferenciais dos ataques extremistas da AfD.

A eleição de Bolsonaro se deveu, em parte, ao apoio dos que o viram como alternativa ao aparelhamento das instituições e à corrupção patrocinada pelos governos petistas e também a certos desvarios progressistas na pauta de costumes. Como alternativa, porém, o bolsonarismo passou a oferecer apenas o fisiologismo do Centrão envolto em uma miséria ideológica filonazista.

# BOLSONARO E AS QUATRO LINHAS DA CONSTITUIÇÃO

*Folha de S. Paulo, 8 de agosto de 2021*

Há tempos o presidente Bolsonaro vem atravessando o que ele chama de "quatro linhas da Constituição" para cometer crimes de responsabilidade; crimes pelos quais já deveria ter sofrido processo de impeachment. Até agora, cooptando parlamentares com cargos e verbas, tem conseguido se blindar. Contudo, sua insana reincidência criminosa vai tornando toda blindagem precária.

Na *live* anunciada com estardalhaço e feita para provar fraude em eleições com urna eletrônica, Bolsonaro não provou nada; mas fez da questão do voto impresso, mais uma bandeira manipulada para fomentar mobilização fanática capaz de sustentar uma aventura autoritária personalista.

Muitos entendem que a adoção do voto impresso é um atraso, retrocesso; outros entendem que é um avanço para a transparência das eleições. Quem tem poderes para decidir a questão é o Congresso; a ameaça de que não haverá eleições em 2022, se não for adotado o sistema do gosto do presidente da República é, pois, antes de tudo, uma afronta ao Poder Legislativo.

Arthur Lira e parlamentares do Centrão, aliados circunstanciais de Bolsonaro, talvez estejam revendo o cálculo de vantagens, pois a guerra do bolsonarismo visa à liquidação ou sujeição não apenas do TSE e do STF, mas de todas as instituições democráticas.

Sobre o propósito autoritário de Bolsonaro, já é passado o tempo das especulações. Suas falas sobre isso são abertas e enfáticas, como nesta tosca declaração: "meu jogo é dentro das quatro linhas, mas se sair das quatro linhas, sou obrigado a sair das quatro linhas".

Bolsonaro acha que é simples agir fora das "quatro linhas da Constituição". Não é, embora, às vezes, devido à tibieza de uns e venalidade de outros, assim lhe possa parecer.

Se a dura reação do TSE e do STF aos seus desvarios de poder personalista não o demover da aventura autoritária em curso, talvez demova, ao menos, os oportunistas mais cautelosos. Com Bolsonaro restará apenas sua seita de radicais.

# BOB JEFF, O HERÓI BOLSONARISTA

*Folha de S. Paulo, 15 de agosto de 2021*

No âmbito do inquérito das milícias digitais, aberto pelo ministro Alexandre de Moraes, deu-se a recente prisão do caricato Roberto Jefferson. O ex-deputado, vale lembrar, fez parte da tropa de choque de Collor quando o então presidente sofria processo de impeachment e tinha o PT como verdugo no Congresso. Esse fato não o impediu de, anos depois, levar seu partido para a base de apoio do governo Lula, ajudando-o a submeter o Parlamento por meio do Mensalão, que ele mesmo, posteriormente, delatou.

Na recente ordem de prisão decretada por Moraes, elencam-se mais de uma dezena de possíveis crimes de Jefferson, que, em seus vídeos, ameaça, calunia, difama, insulta, incita à violência e prega insurgência armada, ultrapassando o limite do que lhe é permitido pela liberdade de expressão.

Como resposta à prisão do aliado, Bolsonaro acenou que pedirá ao Senado a abertura de impeachment dos ministros Barroso e Moraes. Ocorre que, como lembrou ironicamente a senadora Simone Tebet, "quem pede pra bater no 'Chico', que mora no Inciso II, artigo 52, da CF, se esquece de que o 'Francisco' habita o Inciso I, do mesmo endereço"; ou seja, o impeachment de Bolsonaro é mais iminente e mais urgente.

Que o STF comete abusos, isso é público e notório. O maior deles, diga-se de passagem, foi ter declarado suspeito o ex-juiz Sergio Moro a fim de garantir a elegibilidade de Lula. Esse abuso foi defendido com unhas e dentes pelo grupo de advogados de réus da Lava Jato chamado Prerrogativas, que fez prevalecer uma narrativa torpe, baseada em absurda inversão de valores que sustentou a sanha persecutória dos maiores corruptos dessa malfadada República contra os integrantes da força tarefa de Curitiba.

Que alguém com o perfil de Jefferson seja elevado à condição de herói por ter sido preso revela o perfil do próprio bolsonarismo. Mas clamar pela liberdade de Bob Jeff não é mais patético do que gritar "Lula livre" em frente à sede da PF em Curitiba.

# RESPOSTA AOS CÃES DE GUARDA DE LULA

*Folha de S. Paulo, 22 de agosto de 2021*

Autocratas, de direita ou esquerda, costumam se cercar de bajuladores e cães de guarda. Lula, por exemplo, dono do PT e chefe de seita, os teve quando presidente da República e os mantém hoje renovados. Entre os novos destaca-se o grupo Prerrogativas, que resolveu açular contra esta colunista o jurista Lenio Streck e os advogados Marco Aurélio e Fabiano Silva, que responderam com o artigo "A colunista e os dois demônios que lhe tiram o sono" ao meu artigo "Bob Jeff, o herói bolsonarista".

A réplica ao meu texto é uma expressão de revolta com a crítica que faço à decisão do STF pela suspeição do ex-juiz Sergio Moro. Os articulistas afirmam – por ofício ideológico e dever de bajulação – que Lula esteve em "cárcere político" e que era "um réu sabidamente inocente." A fim de me desqualificar, citaram Wittgenstein de modo boçal e estúpido: "Outra lição vem de Ludwig Wittgenstein (muito lido em faculdades de filosofia), que dizia: sobre o que não se tem competência para falar, deve-se calar".

É uma referência canhestra à sétima proposição do *Tractatus Logico-Philosophicus*, obra influenciada por concepções de lógica e linguagem de Frege e Russell, com laivos de mística schopenhaueriana, que aborda complexas relações entre mundo, pensamento e linguagem, culminando na proposição *"Worüber man nicht sprechen kann, darüber muss man schweigen"*, que aponta para o indizível nos campos da ética, da estética e da metafísica, mas que, na cabeça desse pessoal, serve para fazer patrulhamento do que uma colunista pode ou não escrever.

Em *As ideologias e o poder em crise*, Norberto Bobbio escreveu o seguinte: "Agora que a esquerda revolucionária reconheceu os direitos da liberdade, quer todos os direitos, e imediatamente. Inclusive o direito de impunidade que foi sempre a prerrogativa dos soberanos absolutos e dos déspotas".

Os defensores das prerrogativas de impunidade de Lula, que usaram Bobbio contra mim, devem ter pulado essa parte.

# RECONDUÇÃO DE ARAS E CONLUIO DA IMPUNIDADE

*Folha de S. Paulo, 29 de agosto de 2021*

A rede de proteção que Bolsonaro armou em torno de si é formada por deputados cooptados com cargos e verbas (inclusive aquelas do "orçamento secreto") e pelo condescendente titular da Procuradoria-Geral da República.

O PGR teve sua recondução aprovada no Senado por ampla maioria, em votação secreta, com contestações do senador Fabiano Contarato, para quem o PGR "deixou correr solta a delinquência bolsonarista" e do senador Alessandro Vieira que, em voto contrário em separado, apresentou relatório circunstanciado e rigoroso no qual expôs a complacência de Aras com os crimes de responsabilidade cometidos pelo presidente da República.

Augusto Aras foi reconduzido à PGR especialmente por causa do seu perfil "garantista" e contrário à Operação Lava Jato. Na sabatina, afirmou que não iria "criminalizar a política": expressão que é um código para defesa da impunidade. Também não esqueceu de falar mal da imprensa, o que muito agrada a bolsonaristas e lulistas.

Lula, aliás, reafirmou seu propósito despótico de controlar os meios de comunicação (internet, inclusive), tendo o desplante de atacar a imprensa para defender a tirania chavista que desgraçou a Venezuela: "Eu vi como a imprensa destruía o Chávez", disse o petista e pré-candidato a presidente.

A recondução de Aras faz parte do conluio pela impunidade, que se estendeu à Câmara, onde foi incorporado ao novo Código Eleitoral um dispositivo que impõe quarentena de cinco anos a magistrados, procuradores e militares que quiserem se candidatar.

Não há dúvida de que o enxerto casuístico incorporado a mando de Arthur Lira visa impossibilitar candidaturas de nomes que se notabilizaram na luta contra a corrupção e que o objetivo principal é impedir que Sérgio Moro seja candidato a presidente.

Não basta anular os processos de políticos corruptos tornando-os elegíveis, é preciso também retaliar os procuradores e juízes que combateram a corrupção, expurgando-os da vida pública.

# O BRASIL ENTRE O 7 E O 12 DE SETEMBRO

*Folha de S. Paulo, 5 de setembro de 2021*

Colecionando denúncias por crimes de responsabilidade, envolvido em rachadinhas familiares que compram mansões, implicado em negociatas no âmbito do Ministério da Saúde, Bolsonaro gasta seu tempo exacerbando o fanatismo de que é objeto, aumentando a tensão entre os Poderes e instigando a beligerância ideológica e a polarização excessiva tão prejudicial ao país.

É improvável que neste 7 de Setembro Bolsonaro consiga efetivar o golpe com que almeja submeter as instituições e estabelecer seu poder personalista, mas não é impossível que consiga provocar tumulto.

Um grande estrago já foi feito: o país está radicalizado e poucos são os bolsonaristas dispostos a aceitar a derrota eleitoral – cada vez mais provável – de quem bravateou só vislumbrar para seu futuro três alternativas: "estar preso, ser morto ou a vitória."

Em oposição ao charco bolsonarista, desenha-se a volta do pântano em que o Brasil foi precipitado nos governos petistas. Aliás, com vistas às próximas eleições, o PT, partido com maior experiência em corrupção da história da República, está elaborando um "manual anticorrupção".

Lula, que prometeu regular a internet para que ela "se transforme numa coisa do bem", é o favorito nas pesquisas. A expertise acumulada no exercício do poder, a jurisprudência dos garantistas do colarinho branco e o retrocesso legal no combate à corrupção viabilizado no governo Bolsonaro tornam o projeto hegemônico do PT, que foi barrado com o impeachment de Dilma Rousseff, uma ameaça real.

Aqueles que desejam sair do charco sem cair no pântano precisam atuar pelo impeachment de Bolsonaro e, ao mesmo tempo, avançar na construção de uma candidatura decente como alternativa aos extremos da direita autoritária e corrupta e da esquerda corrupta e autoritária.

As forças que se articulam nesse sentido terão, no dia 12 de setembro, a oportunidade de se manifestar. Essas forças precisam ser entendidas como a melhor via: a democrática.

# O BOTE, O ARREGO E O CONLUIO

*Folha de S. Paulo, 12 de setembro de 2021*

O governo das leis, diz Norberto Bobbio, triunfa na democracia. Pisar nas leis, porém, é precisamente o que almeja o político populista: ele quer substituí-las, arvorando-se intérprete e executor da vontade do povo.

Personalidades autocráticas, de esquerda ou de direita, são um risco para a democracia, embora o primeiro tipo a defenda retoricamente. O populista de esquerda tende a encaminhar o seu país para uma espécie de democracia totalitária, enquanto o populista de direita tende abertamente à ditadura, sem floreios retóricos.

Querem nos fazer crer que precisamos ficar reféns dessas duas ameaças e que somos incapazes de achar o meio termo para o amadurecimento de uma democracia liberal. A Itália teve seu Duce, a Alemanha teve seu Führer e o Brasil hoje tem seu Mito. A comparação pode ser extravagante, mas o culto à personalidade, aliado a movimentos de massa é sempre um fenômeno que merece atenção.

Nas manifestações do dia 7, Bolsonaro deu mais um bote autoritário, ensaiou um golpe de Estado e a enorme quantidade de pessoas que foram às ruas, querendo ou não, endossaram seu discurso belicoso.

Diante do grave momento, a reação institucional foi desigual: o presidente do STF e o presidente do TSE deram respostas duras, mas o presidente da Câmara, do Senado e o titular da PGR deram respostas frouxas ou cúmplices.

Para desalento, porém, da sua militância radicalizada, Bolsonaro capitulou e apresentou a já famosa "carta do arrego", escrita por Temer, em meio a conversas e entendimentos com o próprio Alexandre de Moraes.

A base sentiu-se traída, mas foi exortada a confiar, mais uma vez, no presidente. Blogueiros a soldo, após breve espasmo de revolta, explicaram que Bolsonaro não recuou, foi apenas estratégico.

Ao que parece, a estratégia é só negociata de acomodação com o próprio STF. Não cheira a coisa boa, visto que até o ministro Gilmar Mendes se animou a pedir que acreditemos na "boa fé" de Bolsonaro.

# DEMOCRACIA CORROMPIDA

*Folha de S. Paulo, 19 de setembro de 2021*

A despeito da etimologia (*demos*: povo, *kratos*: poder), a democracia não pode ser entendida simplesmente como poder do povo. Vários outros elementos enriquecem esse conceito.

Democracia é poder não da força, da guerra, mas da palavra; é tomada de decisões em meio à pluralidade de ideias; é busca de consenso pelo debate saudável; é o Estado constitucional no qual as leis barram o arbítrio e a divisão de poderes refreia o autoritarismo personalista.

Em uma democracia, o Estado, por meio da lei, impõe restrições ao indivíduo, mas o indivíduo, por meio da lei, também se protege do Estado. Nesse regime, a coisa pública deve ser protegida de interesses privados tanto quanto a propriedade privada deve ser protegida. Na democracia, o adversário no campo político não é o inimigo a ser eliminado, devendo prevalecer a liberdade de expressão, de imprensa e de associação, aliadas à tolerância e ao respeito. A democracia pressupõe, ainda, eleições regulares, livres, diretas e idôneas.

O Dia Internacional da Democracia, 15 de setembro, passou um tanto despercebido. Talvez por não termos muito a comemorar. Às dificuldades inerentes a qualquer regime democrático, somam-se, no Brasil, mazelas particulares.

Temos convivido com a já crônica lassidão moral que estabeleceu por princípio político só ser possível governar cedendo aos apetites corrupto-fisiológicos da banda podre do Congresso. O atual presidente da República, medíocre e inepto, entregou-se totalmente a esse domínio; e a indigência moral que avassala também a maioria dos titulares dos Poderes da República faz com que estes, ao invés de se equilibrarem pela vigilância, acomodem-se pelo jogo de interesses.

No dia 12 de setembro, uma corrente disposta a confrontar a cultura de corrupção e de impunidade que corrói a nossa incipiente democracia tentou ir às ruas. Foi um fiasco. No momento, só têm poder de mobilização os extremos ideológicos liderados pelos dois populistas que desgraçam o Brasil.

# NÓS VAMOS CONSEGUIR

*Folha de S. Paulo, em 27 de setembro de 2021*

Angela Merkel está prestes a entregar o cargo de chanceler da Alemanha. É um acontecimento cuja importância vai além do seu país e da própria União Europeia: tendo sido a mais jovem personalidade a ascender a tal posto, Merkel, com seu estilo de governo racional e modesto, tornou-se, nos 16 anos em que esteve no poder, a mais forte e constante referência mundial para a liberdade, a democracia e a civilidade.

Seu protagonismo político solidificou-se na União Democrata Cristã (CDU), partido que representa, na Alemanha, o movimento político internacional da democracia cristã, surgido em meados do século 19 na Europa, a partir de associações de cristãos, trabalhadores e instituições de caridade. O partido de Merkel tem ainda forte referência em Konrad Adenauer, chanceler que foi o principal artífice do soerguimento da Alemanha no pós-Guerra.

A Democracia Cristã foi inspirada pela ética social das igrejas – influenciada de modo significativo pela encíclica *Rerum Novarum,* de Leão 13 – e pela tradição liberal do Iluminismo, tendo por alicerce a concepção cristã de homem segundo a qual, diferentemente dos postulados coletivistas, o homem não é pensado a partir de uma classe social, mas a partir da sua individualidade e dignidade únicas e inalienáveis.

A CDU afasta-se dos reacionarismos intolerantes e incivilizados, cultores de ódio e violência quc, na Alemanha, estão representados pela AfD, cuja vice-presidente foi aqui recepcionada recentemente por autoridades bolsonaristas.

Durante a crise migratória de 2015, Merkel enfrentou os extremistas com firmeza. Seria cômodo atender ao crescente clamor xenófobo. A chanceler, porém, decidiu pelo acolhimento dos refugiados. Suportou imensa pressão, tornando icônica uma frase de coragem e esperança: "*Wir schaffen das*". Com destemor, ela seguia o princípio humanitário cristão já absorvido na melhor tradição democrática: democracia que devemos conservar, melhorando sempre. Nós vamos conseguir.

# PREVENT SENIOR: PACTO POR MAMOM

*Folha de S. Paulo, 30 de setembro de 2021*

Pelo que já foi exposto na CPI da Covid e apresentado em longas reportagens do jornalismo investigativo, há indícios fortes de que gestores do plano de saúde Prevent Senior cometeram crimes variados em espécie e gravidade, que vão da fraude e falsificação – visando a uma subnotificação de mortes por Covid-19 e incremento ao uso de remédios sem eficácia (tratamento precoce) – ao crime contra a vida; no caso, assassinato na forma de eutanásia disfarçada e não autorizada: homicídio qualificado, com o agravante hediondo de as vítimas se tratarem de pessoas em condições de extrema fragilidade, absolutamente indefesas.

O que especialmente traz esse caso tenebroso para o âmbito da CPI e para o centro do debate político é a denúncia de que, na origem dos possíveis crimes da Prevent Senior, estaria uma pactuação com o governo federal, por intermédio do chamado "gabinete paralelo", para execução da estratégia sanitária – ou antisanitária – da "imunidade de rebanho" que, ao fim, mostrou-se desastrosa, tendo concorrido fortemente para a tragédia que já atinge no Brasil o número de 600 mil mortes.

Certamente tais denúncias precisam ser investigadas por órgãos judiciais e policiais competentes; e já começaram a ser, justamente por instigação do que está sendo exposto na CPI da Covid e na imprensa. O que absolutamente não se pode admitir é que a tropa de choque de

Bolsonaro na CPI e toda a legião de passadores de pano do bolsonarismo queiram desde já fazer: submergir tais denúncias sob o peso do desdém e do deboche.

Pelo que se vai revelando, apesar da repugnante inspiração da insígnia "Obediência e Lealdade", que servia de lema à empresa, as simpatias totalitárias são menos determinante na possível materialidade criminosa do que o pragmatismo e a devoção ao lucro: as práticas fora do amparo da legalidade e da ética médica não teriam sido feitas por devoção a Bolsonaro ou Hitler, mas a Mamom, o deus do dinheiro, da ganância.

# BOLSOPETISMO, IMPEACHMENT E IMPUNIDADE

*Folha de S. Paulo, 3 de outubro de 2021*

O bolsopetismo é fenômeno parcial e descontínuo. Em geral, e com estardalhaço, petistas e bolsonaristas brigam como cão e gato; porém, na surdina, em temas específicos e momentos oportunos, estreitam os interesses em abraço camarada.

Enquanto as massas vestidas de vermelho vão às ruas clamando "Fora Bolsonaro", dirigentes petistas atuam discretamente em favor da inviabilização do impeachment. Alguns não tão discretamente: o governador petista do Piauí, Wellington Dias, por exemplo, disse – em entrevista à revista *Veja* de julho – que não se deve banalizar o impeachment e que, no caso de Bolsonaro, ainda não há comprovação que justifique sua abertura.

Intelectuais do entorno lulista também já desdenham dessa bandeira e refugam a possibilidade de cassação, pelo TSE, da chapa Bolsonaro-Mourão. O interesse é manter o atual presidente no cargo até outubro de 2022, evitando surpresas no pleito polarizado em que Lula é favorito.

Do ponto de vista pragmático-eleitoral, lulistas estão certos em abraçar bolsonaristas na momentânea comunhão de interesses. Do ponto de vista da democracia, da ética e da legalidade, porém, tendo o presidente da República cometido seguidos e gravíssimos crimes de responsabilidade, trata-se de uma indecência.

A aliança mais consistente entre lulopetismo e bolsonarismo dá-se, porém, na defesa da impunidade, pelo óbvio motivo de que essa pauta, essência do bolsopetismo, tornou-se, para ambos, questão de sobrevivência. Juntos destruíram a Operação Lava Jato; juntos reconduziram o condescendente Aras à PGR e juntos estão conseguindo transformar, no Congresso Nacional, a "lei de improbidade administrativa" em "lei da impunidade administrativa".

Na Câmara, o projeto de deformação da lei, relatado pelo petista Carlos Zarattini, foi aprovado por ampla maioria. No Senado, foi aprovado com apoio do Centrão, de Flávio Bolsonaro e do PT. Voltará à Câmara por mera formalidade. Em breve, o bolsopetismo logrará mais uma vitória.

# BOLSONARO E A REGRESSÃO DO CONSERVADORISMO

*Folha de S. Paulo, 10 de outubro de 2021*

Em janeiro deste ano, em entrevista para um jornal de Pernambuco, defendi que conservadores rompessem com o governo. Tenho apontado a necessidade de uma direita sem Bolsonaro. Retomo o tema porque tive a satisfação de ouvir, por esses dias, um podcast no qual o cientista político João Pereira Coutinho sintetizou algo relevante: "No esquema geral, Bolsonaro não é tão importante. Ele é importante como sintoma de uma regressão do conservadorismo para uma posição essencialmente reacionária".

O bolsonarismo é um sectarismo reacionário e boçal, cuja estridência e histrionismo prejudicam a parcela sensata da direita, que se vê impelida a traçar uma linha divisória, como o fez a senadora Soraya Thronicke, em sessão da CPI da Covid, ao declarar: "Não quero me misturar com essa laia."

Ela se referia a Otávio Fakhoury, empresário bolsonarista que, em seu depoimento, teve de ouvir calado uma histórica e necessária reprimenda do senador Fabiano Contarato como resposta a um ataque grosseiro que o depoente havia postado contra ele nas redes sociais.

Na dita "pauta de costumes", o arremedo conservador bolsonarista tem se limitado ao costume do deboche, da chulice, da vulgaridade, do ataque vil; em matéria de religião, tem instrumentalizado a fé cristã para os fins da mais baixa política, tornando a idolatria e a profanação práticas corriqueiras.

Na semana passada, Bolsonaro e alguns ministros estiveram na Igreja Batista Central de Brasília. Onyx Lorenzoni pregou a adoração ao líder messiânico: em frente a uma enorme tela na qual a palavra "verdade" aparecia em letras garrafais legendando uma foto de Bolsonaro, o ministro perorou: "Não estamos falando de algo humano. Nós estamos falando de algo que vem da vontade de quem nós cremos". O presidente achou a ocasião adequada para jactar-se com sua divisa dos "três is": "Imorrível, imbrochável e incomível".

Não temos um governo conservador; temos um governo degradado.

# PEC 5: A IRA VINGATIVA DOS CORRUPTOS

*Folha de S. Paulo, 17 de outubro de 2021*

A tentativa de submeter o Ministério Público ao controle de políticos, aleivosia posta em curso na Câmara Federal, mostra o grau de confiança a que chegaram no Brasil aqueles que combatem o combate à corrupção.

Apelidada de "PEC da vingança" – devido à evidente intenção de retaliação nela contida –, a PEC 5/2021 fere a independência e a autonomia institucional ao aumentar a ingerência política no CNMP. O corregedor, responsável pela condução de processos disciplinares contra promotores e procuradores, passaria a ter fortes vínculos políticos, consolidando com isso a cultura de impunidade dos poderosos que sempre vigorou no Brasil, embora tenha sido excepcionalmente confrontada pela Operação Lava Jato.

O autor do indecoroso projeto é o deputado petista Paulo Teixeira, com aval monolítico do seu partido. O Centrão, através do presidente da Câmara, Arthur Lira, está no comando, dando as cartas num jogo sujo combinado com o presidente Bolsonaro. Nessa combinação, o relator da PEC, deputado Paulo Magalhães, conseguiu piorar o que já era ruim.

Mais uma vez, bolsonaristas e petistas convergem com o habilidoso oportunismo do Centrão, que tem demonstrado grande força, mas não tem projeto de poder próprio; só um plano de domínio parasitário. Com Bolsonaro reeleito ou com Lula eleito, tal parasitismo continuará a ser praticado com mais conforto e tranquilidade, caso a PEC 5 seja aprovada.

A vitória dessa excrescência nas duas Casas do Congresso não é certa. Apesar do despudor com que conduz o processo – havendo, inclusive, mentido sobre um acordo com procuradores –, Arthur Lira não conseguiu liquidar logo a fatura na Câmara, tendo sido obrigado a adiar a votação para esta terça-feira (19).

O recuo no tratoraço vingativo deveu-se à resistência tanto no conjunto da sociedade civil quanto entre parlamentares que defendem a integridade do Ministério Público. Que tal resistência persista até a vitória final, que é rejeição integral dessa PEC abusiva.

# CPI DA PANDEMIA: JUSTIÇA SEM PERSEGUIÇÃO

*Folha de S. Paulo, 25 de outubro de 2021*

A CPI da Pandemia revelou crimes graves, mas fez vista grossa para outros. Ao ignorar um dos seus objetos de investigação – a aplicação de recursos federais por estados e municípios no combate à pandemia –, abriu flanco para as acusações de parcialidade. Houve blindagem, por exemplo, dos envolvidos no contrato fraudulento entre a empresa HempCare e o Consórcio Nordeste, que pagou R$ 48,7 milhões por 300 respiradores que não foram entregues.

Esse fato, porém, não pode ser usado para deslegitimar a totalidade dos trabalhos da CPI. Da mesma forma, levantar a ficha suja do seu presidente e do seu relator a fim de desqualificá-la é um argumento frágil. A CPI transcorreu em ambiente de transparência e foi conduzida mais pelo conjunto dos membros da comissão do que por sua mesa; devendo-se encarecer a participação da, em muito bom tempo agregada, bancada feminina.

É certo que houve estrelismos, discursos político-ideológicos fora de contexto e falas e atitudes movidas por cálculo eleitoral de ambos os lados, mas prevaleceu o desnudamento do que se escondia sob o horror: a tentativa de emplacar o *kit* Covid em Manaus quando pessoas morriam por falta de oxigênio; planos de saúde que obrigaram seus médicos a receitarem cloroquina; interesse político e *lobby* para obtenção de propina na aquisição de vacinas; conluio da Prevent Senior com o "gabinete paralelo" para dar respaldo às narrativas do governo; etc.

Os crimes a serem investigados agravaram muito uma tragédia que já ceifou a vida de mais de 600 mil brasileiros. Os responsáveis pelo descontrole da pandemia, incluindo o presidente Jair Bolsonaro, precisam ser punidos, mas é preciso cautela para que a necessária responsabilização dos culpados não dê margem a uma sanha persecutória contra adversários políticos.

Não é admissível blindagem a quem quer que seja. Por outro lado, exageros punitivos abrirão espaço para contestações jurídicas e para o exercício da vitimização.

# HOMOFOBIA OU OPINIÃO? O DIREITO DE MAURÍCIO SOUZA

*Folha de S. Paulo, 1 de novembro de 2021*

A DC Comics, seguindo a tendência de tolerância comportamental de seus consumidores, anunciou um *Superman* gay. Parte da sociedade adorou a novidade; outra parte não gostou. O jogador de vôlei Maurício Souza não curtiu a inovação e expressou em rede social sua desaprovação. Sua opinião foi considerada homofobia e ele passou a ser alvo da intolerância dos que reivindicam tolerância.

A sua postagem – que não continha insulto, agressão nem incitava à violência contra ninguém – custou-lhe o afastamento do seu time, a declaração de que seria *persona non grata* na seleção brasileira, ofensas proferidas por apresentadores de programas esportivos e uma ação penal pública aberta por um grupo de parlamentares, que também oficiaram o Facebook pelo ocorrido.

Foi uma cadeia de reações desproporcionais. Por mais que suas convicções sejam reacionárias, ele tem direito de expressá-las. Subir a *hashtag* "homofobia não é opinião, é crime" não resolve nada porque o problema está na delimitação do que é homofobia.

A imprecisão conceitual e a carga político-ideológica desse termo fazem com que a criminalização de condutas que configurem tal coisa deixe a sociedade refém de uma hermenêutica jurídica bastante controversa.

O ofício que deputados encaminharam ao Facebook anexou, além da referência ao super-herói bissexual, algumas publicações anteriores do jogador.

Uma problematiza o tipo de banheiro adequado a pessoas trans e outra critica a possibilidade do uso de linguagem neutra em uma novela. O jogador também criticou a presença de um homem biológico no time feminino de determinada modalidade desportiva. Ora, são questões polêmicas, cujo debate não pode ser interditado sob o pretexto de que problematizá-las é ser homofóbico.

A campanha de cancelamento contra o jogador rendeu-lhe 1,5 milhão de seguidores no Instagram, o que prova que a intolerância da direita reacionária e da esquerda identitária se retroalimentam.

# A DITADURA DE LIRA, A PEC E A ROSA

*Folha de S. Paulo, 7 de novembro de 2021*

Com votação pela madrugada, descumprimento do regimento interno e muito dinheiro das famigeradas emendas de relator que se pagam por meio do indecoroso orçamento secreto, o presidente da Câmara, Arthur Lira, conseguiu ver aprovada, em primeiro turno, a PEC dos Precatórios.

Sob o demagógico pretexto de atender aos mais carentes via Auxílio Brasil, a muito bem apelidada PEC do Calote autoriza o governo a não pagar o que deve a pobres, remediados e ricos; e a furar o teto de gastos, desorganizando a economia, aumentando a inflação e arrasando com a já baixa credibilidade do Brasil.

Para aprovar a proposta, o governo Bolsonaro montou um esquema de compra de votos que só encontra paralelo no mensalão petista. Na Câmara, Lira articulou um escuso comércio de cooptação que chegou a lances de R$ 15 milhões em emendas para cada deputado que votasse a favor da PEC. Ele chamou isso de "diplomacia das negociações claras". Na verdade, o chefe do Centrão estabeleceu nos seus domínios uma obscura ditadura do suborno.

Em oportuna e sábia decisão, a ministra Rosa Weber, do STF, mandou suspender a execução de todos os pagamentos feitos por meio do orçamento secreto, exigindo o retorno à transparência e freando, pelo menos momentaneamente, a esbórnia orçamentária.

O auxílio para os milhões de brasileiros que estão em estado de miséria é realmente necessário. Mas ele deve vir de uma arrumação dos gastos públicos e não do seu desarranjo.

Em vez de furar o teto, que sejam cortados os privilégios. Cortem as imoralidades recentemente perpetradas pelo Congresso, como os bilionários Fundo Partidário e Fundo Eleitoral; cortem os acúmulos de salários acima do teto constitucional; reduzam o custeio do Congresso Nacional, começando por diminuir o número de assessores ao mínimo necessário. Há muito gasto excessivo e imoral nos Três Poderes da República que podem ser cortados em curto e médio prazo, viabilizando o auxílio.

# O IMPACTO SERGIO MORO

*Folha de S. Paulo, 14 de novembro de 2021*

A solenidade de filiação de Sergio Moro ao Podemos, indicando possível candidatura a presidente, estremeceu o cenário político; especialmente por causa do discurso do novo presidenciável, que surpreendeu a todos, entusiasmando os adeptos e desnorteando os adversários. Indo além da questão do combate à corrupção, Moro apresentou um belo esboço de projeto para o Brasil, cuja efetiva construção irá requerer a adesão de muitas mãos.

A entrada de Moro no xadrez eleitoral despertou a esperança de uns e atiçou o ódio de outros. O amplo arco de interesses em defesa da impunidade que atira flechas no ex-juiz vai desde um ministro do STF, Gilmar Mendes, até políticos condenados por corrupção, como Eduardo Cunha.

Após o discurso de Sergio Moro, lulistas e ciristas, embora tontos, uniram-se aos seus congêneres bolsonaristas em ataques renovados contra o desafeto comum, numa escala crescente de fúria e desvario. Escolados na arte do insulto nas redes sociais, esmeram-se também na construção de narrativas capciosas.

Ultimamente, temos testemunhado uma campanha sem tréguas de inversão de valores que tenta transformar em carrascos os que fizeram cumprir a lei e em vítimas os que saquearam o Brasil. Agora, a *intelligentsia* bolsopetista, meio desesperada, inverte uma clara relação de causa e efeito para tentar colar a bobagem de que Moro sempre agiu com propósitos políticos.

O fato é que o trabalho da Lava Jato em prol da justiça está sendo desfeito por um poderoso conluio jurídico-político e Moro resolveu colocar seu nome na disputa presidencial para, dentre outras coisas, insistir na defesa da justiça e da lei.

Com a entrada de Moro na disputa, o quadro político pré-eleitoral sofreu impacto. Se esse impacto vai se resolver em crescimento consistente da sua candidatura ou vai se diluir em desânimo – consagrando a polarização dos projetos extremos e atrasados da direita bolsonarista e da esquerda lulista – é o que vamos descobrir.

# ENEM, INEP E DOUTRINAÇÃO REVERSA

*Folha de S. Paulo, 21 de novembro de 2021*

O que inspira as ações do presidente Jair Bolsonaro na educação, além de ignorância e obscurantismo, é uma espécie de ideologia reativa. Visto que a militância ideológica de esquerda vigente nos governos petistas corrompeu muita coisa no Brasil, inclusive a educação, a direita bolsonarista no poder tem pretendido corrigir tais rumos com doses cavalares de doutrinação reversa e estatismo.

Ao afirmar que as questões do Enem "começam agora a ter a cara do governo", Bolsonaro abriu o jogo intervencionista que deflagrou a crise no Inep (Instituto Nacional de Estudos e Pesquisas Educacionais). Acusando a "fragilidade técnica e administrativa da atual gestão máxima" do órgão, 37 servidores pediram exoneração de suas funções denunciando assédio moral, ideológico e tentativa de interferência indevida no processo de elaboração do exame.

Está clara a tentativa de manipulação ideológica no Enem por parte do governo federal. Mas causa estranheza o horror da comunidade política e acadêmica em relação ao caso, tendo em vista o grau de enviesamento ideológico que já havia na educação; só que para o lado oposto. Tal viés está explícito na BNCC, nos acervos das bibliotecas das universidades, nos currículos de formação docente e mesmo em questões passadas do Enem. Nada disso chocava os indignados de agora.

A tentativa de doutrinação é um problema inerente ao modelo educacional estatista e centralizador. No Brasil, não apenas a educação pública está sob as rédeas do Estado, mas também a educação privada, tendo em vista toda a regulamentação e planejamento central imposto pelo MEC (Ministério da Educação), desde a educação infantil até a pesquisa universitária. O fato de o Brasil estar sempre entre os piores nos rankings educacionais deveria acender o alerta de que esse modelo falhou.

Sob uma óptica liberal da educação, o Enem nem deveria existir. Mas, já que existe, precisa evitar os abusos doutrinários tanto da esquerda quanto da direita.

# A QUARTA ONDA DA COVID E A TERCEIRA VIA ELEITORAL

*Folha de S. Paulo, 28 de novembro de 2021*

Mais uma vez, o mundo está em alerta devido à alta de casos de Covid-19 na Europa e à descoberta de uma nova variante do coronavírus, a Ômicron, detectada na África do Sul. Em tempo de imprevisibilidade, tensão e medo como este no qual vivemos, ter à frente da nação uma liderança séria, sóbria, equilibrada e preparada é fundamental.

Os alemães, por exemplo, tiveram a sorte de atravessar as primeiras ondas da pandemia sob a liderança de Angela Merkel, enquanto nós, brasileiros, tivemos o infortúnio de atravessá-las sob a desorientação de Jair Bolsonaro; e corremos o risco de termos por presidente, nas próximas crises, alguém sem noção e autoritário o suficiente para equiparar essa grande estadista alemã ao ditador da Nicarágua.

Enquanto pessoas públicas de boa-fé e bom senso ponderam o difícil equilíbrio entre as necessárias medidas de restrição para a contenção da pandemia e o necessário respeito às liberdades individuais, Lula, pré-candidato do PT, dá-se ao descaramento de defender o seu amigo ditador, Daniel Ortega, e justificar a repressão a opositores promovida por sua ditadura predileta, a de Cuba.

A pandemia traz consigo um conjunto de problemas complexos e dilemas éticos delicados que precisam ser debatidos com urgência por todos os que têm apreço pela liberdade, pela democracia e pelo bem comum. O fato de loucos e aspirantes a déspotas como Bolsonaro e

Lula atrapalharem esse debate e serem ainda os mais bem colocados no pleito presidencial neste momento tão conturbado mostra o peso da responsabilidade daqueles que compõem a chamada terceira via.

A convergência, nessa via, em torno não apenas de um nome, mas de um bom projeto para o país é imprescindível. O momento é grave e requer dos potenciais candidatos e dirigentes partidários sensibilidade e desprendimento para, no momento oportuno, abrirem mão do protagonismo a fim de apoiarem a candidatura mais viável fora dos extremos populistas que ora lideram as pesquisas.

# SERGIO MORO CONTRA O SISTEMA DA CORRUPÇÃO

*Folha de S. Paulo, 30 de novembro de 2021*

Com as qualidades da clareza e da objetividade, o livro de Sergio Moro, *Contra o Sistema da Corrupção*, percorre corajosamente o campo minado da batalha travada enquanto ele era juiz da 13ª Vara de Curitiba, responsável pela Operação Lava Jato. Expondo personagens e esquemas poderosos, o livro oferece ao leitor a possibilidade de confrontar e julgar duas narrativas opostas: a do autor, resumida no livro, e a dos seus adversários, bastante difundida no ambiente político e midiático atual, em larga medida mobilizados contra o ex-juiz e atual pré-candidato a presidente da República.

Logo na introdução, o autor mostra que não se propôs a redigir diplomacia, amenizando o tom, mas decidiu elevá-lo, contrariando um perfil discreto que muitos chegaram a apontar como omissão: "A impunidade é a regra para a grande corrupção no Brasil. Os escândalos se sucedem sem maiores consequências. A Operação Lava Jato, enquanto durou, mudou o jogo". (p. 11)

Perguntamos ao autor se esse sistema de corrupção por ele descrito não seria intrínseco à existência do Estado e se, por mais longe que tenha ido a Lava Jato, o fato de o sistema ter reagido contra ela, praticamente liquidando-a, não mostraria a impossibilidade de se acabar com a corrupção enquanto houvesse um Estado grande como o nosso. Eis a resposta:

> "O problema do sistema de corrupção e da impunidade desse sistema fazem parte de uma fraqueza institucional e cultural. [...] É possível combater a corrupção e a Lava Jato é a prova viva disso, independentemente dos revezes posteriores. Os revezes apenas ilustram que o preço para o avanço institucional envolve uma permanente vigilância. Em relação à estrutura do Estado, o que se pode dizer é que se combate a corrupção não apenas com o mecanismo da repressão, mas também com a transparência, a autonomia dos órgãos de controle e prevenção, etc. Embora uma eventual redução do Estado possa reduzir a corrupção, essa redução não pode ser pensada exclusivamente sob esse viés. A gente tem que pensar esses temas pragmaticamente, se é ou não mais eficiente tirar o Estado de determinada atividade e deixá-la entregue inteiramente à iniciativa privada. Na educação, na saúde e na segurança, por exemplo, vemos a presença do Estado como necessária, sem prejuízo de haver também uma atuação privada nessas áreas".

Embora a corrupção exista em qualquer país e em diferentes partidos, foi nos governos petistas que o sistema da corrupção atingiu suas culminâncias. Algumas passagens do livro repisam ainda a obviedade de que Lula jamais foi um *preso político,* mas sim um *político preso* pelos crimes de corrupção que cometeu. A respeito de Lula e das narrativas falaciosas urdidas pelos militantes e advogados petistas, também conseguimos, por meio da entrevista, algumas palavras incisivas do ex-juiz:

> "Quem roubou a população tem que ser punido. Não é uma questão de vingança ou espirito de punição; é uma questão de justiça evitar que tais coisas se repitam, porque isso prejudica as pessoas. [...] Todo mundo tem direito à sua opinião, mas é preciso olhar os fatos. Por isso a importância de escrever um livro para contar o que aconteceu. É inegável que a Petrobrás foi saqueada durante o governo do Partido dos Trabalhadores; também é inegável que a Lava Jato representou uma ruptura com esse modelo de corrupção e, pela primeira vez, pessoas poderosas responderam às consequências dos seus atos".

O primeiro capítulo traz por título o lema "Faça a coisa certa, sempre", que aponta para a importância de não transigir com o desvio ético na administração pública. Aqui Moro destaca o valor da pretensão de correção a despeito da falibilidade humana. Questionado sobre os momentos em que fazer a coisa certa exigiu dose maior de sacrifício, Moro nos respondeu:

> "Durante a operação Lava Jato teria sido muito fácil virar o rosto e não avançar em processos de corrupção envolvendo figuras poderosas porque isso traria muito desgaste; por ter avançado, eu sofro retaliações até hoje".

Ao refletir sobre os ataques crescentes à Lava Jato, o autor se refere à coalizão dos interesses contrariados que se articularam contra ela e a enfraqueceram:

> "Olhando agora, concluo que a Lava Jato atraiu para si mais inimigos do que poderia suportar. Ao atingir, progressivamente, todos os grupos políticos mais poderosos envolvidos em corrupção, começaram a faltar aliados para proteger a operação da coalizão pró-corrupção e pró- impunidade". (pág. 118).

No capítulo 8 ("O convite"), Moro explica porque aceitou assumir o cargo de ministro da Justiça e Segurança Pública no governo Bolsonaro: o então juiz achava que em tal função teria melhores condições de enfrentar os inimigos da Lava Jato e avançar na missão em que porfiara por todo o seu tempo na magistratura, especialmente a luta contra a grande corrupção e contra o crime organizado:

> "Aceitei o cargo porque sabia que a reação aos avanços anticorrupção da Lava Jato era iminente e, como ministro, acreditava que poderia atuar de maneira mais eficaz para impedi-la, além de construir políticas públicas consistentes contra a corrupção, o crime organizado e a criminalidade violenta.

Admito que faltou da minha parte um salutar ceticismo quanto às promessas efetuadas pelo presidente eleito e quanto à própria boa vontade de Brasília para avançar no combate à corrupção. Mas eu não era um político treinado, e sim um juiz. Não estava acostumado à quebra de palavra". (p. 133-134)

O ex-ministro passa então a tratar da sabotagem sistemática de Bolsonaro contra o combate à sua agenda anticorrupção e inicia o capítulo 11 ("Coaf, o pecado original") com uma afirmação aparentemente paradoxal:

> "Ingressei no governo federal motivado por meus princípios e com a intenção de consolidar a agenda anticorrupção inaugurada pela Lava Jato; deixei o governo federal motivado por meus princípios e com a intenção de proteger o legado da Lava Jato e a agenda anticorrupção". (p. 165).

Para justificar a assertiva acima, Sergio Moro passa a narrar um "longo e tortuoso processo". São as sucessivas ações do governo cujo objetivo era blindar Flávio Bolsonaro das investigações de que era alvo. Ações essas que começaram pela retirada do Coaf do ministério da Justiça, pressão do Planalto para substituição do seu presidente e acordo que culminou na suspensão (por intermédio de decisão do ministro Dias Toffoli) do inquérito que apurava as transações financeiras atípicas de Fabrício Queiroz e Flávio Bolsonaro.

Depois sobreveio a descaracterização do pacote anticrime no Congresso por meio do acréscimo de jabutis que tinham o "propósito de inviabilizar novas grandes operações de investigação contra a corrupção" (p. 185). Moro chama de "traição injustificável" o fato de Bolsonaro não ter atendido aos seus rogos para que vetasse as partes mais problemáticas:

> "Com aquela recusa do presidente em realizar os vetos solicitados, minhas ilusões quanto ao real compromisso dele com o combate ao crime e à corrupção se desfizeram por completo". (p.190)

O clímax dessa história, como sabemos, foi o avanço de Bolsonaro sobre a PF, tratado com pormenor no capítulo 13. A propósito disso e de sua saída do governo, Moro também nos elucidou em entrevista:

"No que concerne ao combate à corrupção, é preciso agir de maneira coerente. Não se pode proteger pessoas de investigações por conta da posição delas dentro de uma estrutura de poder. Quando o meu projeto passou a ser paulatinamente sabotado dentro do governo e quando eu percebi que não havia verdade nas afirmações do presidente de que se alguém se envolvesse em corrupção isso deveria ser investigado e extraídas as consequências, eu me retirei. Eu me retirei porque tinha uma fidelidade maior não à minha biografia (como às vezes se coloca erroneamente), mas aos meus princípios e valores, que são os princípios e valores da população brasileira: honestidade e integridade. E fazia parte disso o combate à corrupção contra quem está dentro do governo ou fora dele. O combate à corrupção não pode fazer esse tipo de discriminação e a minha percepção era a de que o presidente queria que essa discriminação fosse realizada".

Sergio Moro afirma no livro que um dos problemas da política brasileira é o culto à personalidade. Nós então lhe perguntamos como seus apoiadores poderiam evitar esse erro e que linha separava o fanatismo da admiração. Qual seria a diferença entre bolsonaristas, lulistas e moristas?

"Eu nunca estimulei o culto à personalidade. Quando falo da operação Lava Jato sempre ressalto, e fiz isso no livro, que foi uma conquista institucional coletiva. [...] Eu me coloco de uma maneira muito diferente dessas pessoas que você mencionou, que se apresentam como se fossem algo sobre-humano. Um acha que é uma ideia; o outro acha que é um mito. Eu nunca reclamei esses rótulos pra mim e, no fundo, o meu discurso apela muito mais à racionalidade do que à esse aspecto emocional."

O livro aborda ainda uma gama de outros temas importantes correlatos à Lava Jato, a exemplo do episódio dos I que invadiram celulares de vários membros da operação, com o material colhido sendo utilizado pelo *The Intercept Brasil* e depois utilizado por ministros do STF no julgamento da suspeição do ex-juiz.

O STF é tratado no livro com a devida vênia, mas sem meias palavras. A mudança de entendimento acerca da execução da pena em segunda instância e outras decisões foram criticadas, incluindo, obviamente, a anulação da condenação de Lula.

Moro chega a enumerar, no capítulo 18, várias decisões do Supremo Tribunal Federal que, no seu entender, tiveram o efeito prático de minar o combate à corrupção.

Sendo este um livro de coragem e embate, nada mais natural que o autor o termine com um apelo de mobilização: "a luta contra o sistema de corrupção nunca poderá prescindir de bons combatentes, entre eles você". A busca pelo livro – a ser lançado dia 2 de dezembro – dará uma estimativa dessa mobilização pretendida.

# ATOS SECRETOS, ATORES CORRUPTOS

*Folha de S. Paulo, 5 de dezembro de 2021*

Que um Parlamento destine a si mesmo verbas bilionárias para serem distribuídas entre deputados e senadores de forma secreta e discricionária por um colega relator é, além de imoral, inconstitucional. A institucionalização da compra de votos por meio da esbórnia orçamentária possibilitada pelas emendas do relator (emendas RP-9) que direcionaram verbas do orçamento secreto fere os princípios de legalidade, impessoalidade, moralidade, publicidade e eficiência que a administração pública deve obedecer.

Por isso mesmo a ministra Rosa Weber, do STF, suspendera tais emendas, exigindo transparência sobre a verba assim liberada nos últimos dois anos. Em resposta, o presidente da Câmara, Arthur Lira, e do Senado, Rodrigo Pacheco, assinaram e mandaram publicar um ato conjunto que, em frontal desrespeito à Suprema Corte, afirmava que o Congresso Nacional manteria em segredo os nomes dos parlamentares beneficiados. Chamados a convalidar o ato dos presidentes, os nobres parlamentares estabeleceram para si mesmos – por um placar de 268 a 31 na Câmara e 34 a 32 no Senado – o poder de se utilizarem de verbas públicas sem dar satisfação ao público.

Logo depois, em uma reviravolta risível, Pacheco tentou atenuar o ato abusivo e afrontoso mandando um ofício a Rosa Weber no qual informa que o Legislativo tentará detalhar a indicação das emendas, mas que talvez não logre êxito. Esclarece ainda que o tempo de embromação de que precisa para não entregar o que não prometeu são 180 dias.

Enquanto isso, a PF espreita alguns segredos do Orçamento. Olhando pelas brechas abertas pelas investigações policiais e pela cobertura da imprensa, já vimos o "tratoraço" e agora vemos pilhas de dinheiro nas mãos do deputado Josimar de Maranhãozinho, um dos chefes do PL, o novo partido de Bolsonaro.

As dezenas de bilhões distribuídos sem critério técnico e sem transparência servirão para reeleger os donos desse circo onde nós pagamos para sermos palhaços.

# VACINA, PASSAPORTE E BOM SENSO

*Folha de S. Paulo, 12 de dezembro de 2021*

O que parece uma restrição legítima da liberdade para alguns, afigura-se como cerceamento dos direitos individuais para outros; o que parece uma simples regra sanitária para uns, é considerada uma aberração autoritária por outros. Nem uns nem outros precisam ser rotulados e condenados por expor sua opinião.

Há que se considerar, porém, que o interesse coletivo é prioritário em situações calamitosas como a de uma pandemia, situação na qual o indivíduo que sofre algum cerceamento de suas vontades precisa alargar sua compreensão para a necessária consideração do bem comum.

O Brasil é acertadamente reconhecido como um país hospitaleiro, que recebe todos de braços abertos. Se mantivéssemos, porém, as fronteiras abertas para todos sem exigir comprovante de imunização, a hospitalidade seria pretexto para hostilidade, pois os estrangeiros que aqui chegassem estariam recebendo tratamento diferenciado daquele que é dispensado aos próprios brasileiros, dos quais já se exige o referido comprovante seja para frequentar estabelecimentos dentro do nosso próprio território, seja para entrar na maioria dos grandes países. O que serve para uns deve servir para todos e o que já se aplica aos brasileiros deve ser aplicado aos estrangeiros.

As polêmicas quanto à comprovação de imunização são principalmente ideológico-culturais. De um lado, teorias conspiratórias de que a pandemia não passa de uma criação globalista com fins de dominação sustentam a revolta contra as restrições sanitárias; de outro, tais restrições são apresentadas como tabus, como verdades incontestáveis que podem acabar sendo instrumentalizadas para fins políticos. É preciso, pois, prudência para não acirrar os ânimos.

Em meio à controvérsia, o ministro Luís Roberto Barroso, do STF, decidiu liminarmente que, a partir dessa segunda (13) apenas pessoas imunizadas contra a Covid-19 poderão entrar no Brasil. A decisão é sensata e provavelmente será mantida, fazendo prevalecer o bom senso.

# CIRO E LULA: ISSO SIM É CORRUPÇÃO

*Folha de S. Paulo, 19 de dezembro de 2021*

Ciro Gomes nega envolvimento em esquema de corrupção na construção do estádio Castelão, supostamente ocorrido entre 2010 e 2013 e que está sendo investigado pela Polícia Federal desde 2017. Após a PF cumprir mandados de busca e apreensão em endereços seus e do seu entorno, Ciro alegou perseguição de Bolsonaro, a quem acusou de ter montado um estado policial.

É fato que Bolsonaro tentou interferir na Polícia Federal – o que, aliás, foi denunciado por Sergio Moro – porém, o que efetivamente conseguiu de controle é incerto. Pelo que até agora se sabe, a referida investigação da PF foi realizada no âmbito da sua autonomia institucional

No mesmo dia em que foi deflagrada a operação batizada "Colosseum", lia-se em manchetes a seguinte frase do ex-presidente Lula: "Isso sim é corrupção". Não, ele não se referia à suposta corrupção de Ciro no Castelão, mas sim à suposta corrupção do orçamento secreto, por meio da qual o presidente Bolsonaro teria comprado o apoio do Centrão.

A declaração de Lula em relação ao orçamento secreto visava minimizar o mensalão petista. Mas ambos foram esquemas armados para corromper parlamentares com o fito de submeter o Congresso Nacional. A existência de um não diminui a gravidade do outro. Na sequência, Lula prestou solidariedade a Ciro, que a retribuiu imediatamente, afirmando nunca tê-lo chamado de ladrão: "Eu não acho que Lula seja um ladrão, eu nunca disse isso". Porém, está sobejamente registrado o que Ciro disse: "Lula é o maior corruptor da história moderna brasileira. O Lula apodrece onde ele bota a mão. Eu sei que ele é corrupto. Para além de ser corrupto, é um grande corruptor".

O termo "corrupção" é polissêmico, sendo seu significado mais comum o da roubalheira do dinheiro público; e quem rouba é ladrão. No contexto da fala de Ciro, o sentido é evidentemente este. Para que deixe de ser, será preciso corromper o sentido das palavras.

# LULA E O MANTO DA IMPUNIDADE

*Folha de S. Paulo, 26 de dezembro de 2021*

No jantar promovido pelo grupo Prerrogativas (braço jurídico de Lula e seu entorno) houve jubilosa confraternização na exposição da possível chapa presidencial Lula-Alckmin. Porém, para além de uma aliança política heterodoxa, o que ali se comemorava era o êxito da destruição da operação Lava Jato, o sucesso da campanha difamatória e de retaliação contra seus integrantes e o retrocesso cívico-moral que consolidou no STF a jurisprudência do garantismo do colarinho branco: era a celebração da impunidade.

Olhando para Geraldo Alckmin, que em 2018 o acusou de querer se eleger para voltar à cena do crime, Lula perorou: "Não importa se no passado fomos adversários [...], o tamanho do desafio que temos pela frente faz de nós aliados de primeira ordem". O enorme desafio é manter o sistema de corrupção funcionando a pleno vapor, é manter as prerrogativas de impunidade da casta de políticos que se acredita acima da lei e que não quer ser importunada por aqueles que acreditam que a lei se aplica a todos.

Nada mais condizente, portanto, com o espírito desse jantar, cuja lista de convidados confunde-se com a lista do departamento de propina da Odebrecht, do que ensaiar uma absurda mutilação do sentido de justiça. Eis que, nesse jantar de celebração da impunidade, o criminalista Alberto Zacharias Toron teatralizou a entrega de uma toga a Lula, expressando-se da seguinte forma: "Esse santo manto que usamos para falar nas cortes é um manto que você [Lula] merece. Você merece por significar Justiça na mais elevada acepção dessa palavra."

Em um país fustigado por epidemia, desemprego, miséria e fome, um manto que protege políticos corruptos não é santo, é diabólico.

Embora tenha encoberto os crimes de Lula de modo especial, o manto da impunidade é grande; se repuxar, sempre cabe mais um. Geraldo Alckmin, que virou réu em 2020 por suposto recebimento de R$ 11,3 milhões de propina da Odebrecht nas campanhas de 2010 e 2014, já é bem-vindo.

# 2022: A MUDANÇA VIRÁ. AVANÇAREMOS

*Folha de S. Paulo, 2 de janeiro de 2022*

O ano que passou pode ser seccionado em três fases: de alerta, de negação e de revolta. O alerta refere-se aos que souberam ler as entrelinhas do contexto da pandemia e entenderam que o assunto era grave demais para ser tratado em termos meramente políticos e eleitoreiros; a negação foi o modo como uma parcela da população reagiu ao alerta, desconfiando do que era noticiado e formulando teorias conspiratórias disseminadas a torto e a direito de modo irresponsável e inconsequente; já o momento da revolta precisa ser transmutado e a indignação deve virar ousadia: é preciso avançar na estrada do bom senso e tratar todos os assuntos com a seriedade que o momento exige.

Neste ano, políticos vão pleitear reeleição. Cabe ao eleitor julgar se o ruim ou o péssimo precisa ser mantido por algum motivo obscuro que a racionalidade objetivamente rejeita. O Brasil precisa de novos rumos, novos líderes, novas políticas para novos tempos. Não conseguiremos isso repetindo as fórmulas atrasadas do populismo demagógico apregoado como única via à esquerda ou à direita. A via democrática é mais complexa. Ela pressupõe revisão de conceitos, eliminação de preconceitos e superação de ideologias.

Precisamos assumir que a ética divorciou-se da política, que as instituições se deterioraram, que o sistema da corrupção se disseminou de modo endêmico e que não se pode construir algo sólido sobre alicerces corrompidos. Poucos estão dispostos a aceitar a necessária mudança. Mas ela virá. Avançaremos.

A política não é um espaço reservado para as velhas raposas oportunistas que se disfarçam em tempos de eleições. Política é espaço para pessoas de bem e de brio. E essas pessoas estarão na disputa este ano.

Toda grande transformação é silenciosa. O tempo da estridência política ficará para trás. No ano passado sepultamos milhares de vítimas da pandemia. Neste ano sepultaremos as ideologias que a potencializaram e que instrumentalizaram todo esse sofrimento.

# VALEU, FOLHA!

*Folha de S. Paulo, 16 de janeiro de 2022*

A *Folha* decidiu, corretamente, descontinuar, por este ano, a atividade de seus colunistas que tenham pretensão eleitoral. É o meu caso: sou pré-candidata pelo Podemos, no Ceará, a deputada federal. Assim, escrevo este 85° artigo para despedir-me provisoriamente.

Quando fui convidada a assumir esse pequeno e precioso espaço semanal surpreendi-me. Minha visão destoa da linha editorial deste ilustre jornal. Por isso mesmo foi grande o mérito da *Folha* em ter mantido essa coluna apesar da forte pressão da patrulha que pedia a minha cabeça em uma bandeja a cada artigo mais polêmico. Esse jornal teve comigo postura impecável: jamais fui pressionada ou sequer sugestionada a modificar uma linha do que pretendia escrever, por mais duro que fosse o texto.

Agradeço, pois, à *Folha* e também aos meus leitores. Abraço carinhosamente os que me elogiaram ou que, mesmo criticando, trataram-me com respeito. Os que me xingaram – e foram muitos – prestaram-me, por sua vez, grande serviço, mantendo minha coluna frequentemente entre as mais comentadas. Não lhes posso querer mal.

O quadro do Brasil neste ano eleitoral é difícil: de um lado, o presidente que, além de ter traído todas as boas bandeiras que sustentaram sua eleição, atrapalha diuturnamente com suas idiossincrasias malévolas o combate à pandemia. Do outro lado, o ex-presidente que abusou do poder para corromper a democracia (Mensalão), esteve no centro do maior escândalo de corrupção da história (Petrolão), apoiou, justificou e financiou ditaduras amigas com o nosso dinheiro e promete, caso eleito, dessa vez não falhar em estabelecer a censura (coisa que chama eufemisticamente de "controle da mídia" e que seus esbirros na imprensa apelidaram de "democratização dos meios de comunicação").

Há quem resista a essas duas alternativas nefastas. Esta coluna sempre se colocou abertamente do lado dessas forças de resistência. Minha pré-candidatura fará o mesmo. Até breve.